Qual a melhor escolha?

Ana Claudia Piña e Adriana Magalhães

Capa: Gabriella Malta
Diagramação Digital/ Revisão: Equipe Lella Malta
Preparação literária: Lella Malta
Ilustradora: Elisa Maria Nunes de Souza
Foto: Alexandra Paz

Dados Internacionais de Catalogação na Publicação (CIP)
(Câmara Brasileira do Livro, SP, Brasil)

Magalhães, Adriana
Qual a melhor escolha? / Adriana Magalhães e Ana Claudia Pina. -- Brasília : Ed. das Autoras, 2022.

ISBN 978-65-00-43248-0

1. Educação 2. Educação - Finalidades e objetivos 3. Educação básica 4. Paternidade I. Pina, Ana Claudia. II. Título.

22-107890 CDD-370.11

Índices para catálogo sistemático:

1. Educação básica 370.11

Maria Alice Ferreira - Bibliotecária - CRB-8/7964

Dedicamos às nossas fontes inesgotáveis de sabedoria,
amor e força.
Nossas cotidianas saudades.

Meu pai, José Mendo Mizael de Souza – Ana Claudia Piña
Minha mãe, Leonor de Castro Magalhães – Adriana Magalhães

Nossa eterna gratidão e admiração por esses seres humanos que
quem pôde conhecer, amou e respeitou!
Ambos na eternidade, nos ensinaram a arte de viver.

"Não basta ter sido bom quando se deixa o mundo.
É preciso deixar um mundo melhor."
Bertold Brecht

"Faça com que o seu amor para com a pessoa que você ama seja igual a água é para o peixe: ao mesmo tempo que essencial à vida, veículo de sua liberdade."
José Mendo Mizael de Souza

"Em cada criança existe um dia novo, que surge para a felicidade do mundo".
Leonor de Castro Magalhães

SUMÁRIO

PREFÁCIO

Educar é tarefa mais nobre que governar o mundo. Por meio da educação formam-se seres humanos, indivíduos, profissionais, cidadãos capazes de construir uma vida plena e feliz, desenvolver uma sociedade mais justa e igualitária, uma nova humanidade, um mundo melhor. Educação sempre se constituiu em suprema realização dos pais e educadores, imensa responsabilidade e desafio que se torna ainda maior pelo contexto do novo milênio.

Educar, hoje, significa formar, dentro de uma realidade global, complexa, interativa e em permanente mutação, pessoas seguras, íntegras, com princípios e valores sólidos, detentoras do conhecimento que lhes permita estruturar a vida para um futuro imprevisível e pleno de possibilidades. Um desafio que, cada vez mais, torna-se necessária a interação entre educadores, familiares e profissionais de diferentes instâncias sociais. Esta cumplicidade pode fazer a diferença, tanto no decorrer do processo educativo quanto nos resultados.

É uma questão de sobrevivência pessoal, social, cultural e profissional manter-se em permanente processo de aprendizagem para enfrentar o desconhecido. Algumas características da realidade contemporânea que impactam diretamente na formação das pessoas são:

- Interatividade;
- Dinamismo no trânsito de informações por meio da ampliação das formas de comunicação e relacionamento;
- Diversidade na constituição de grupos e comunidades;
- Redesenho de fronteiras em várias dimensões;
- Alternativas diversas de jogos, brincadeiras e entretenimento;
- Empreendedorismo;

- Inovação;
- Revolução no mercado e em perfis profissionais;
- Fragilidade de alguns controles e necessidade de independência nas decisões;
- Autossuficiência.

Muitas são as situações que exercem influência sobre as crianças, os adolescentes, jovens e sobre os adultos responsáveis pela formação de todos eles. Várias também são as tendências que colocam em xeque processos e padrões sociais, culturais e profissionais. A tarefa de definir o que, como e para que educar nesse cenário torna-se, por vezes, angustiante.

O que priorizar, em que investir, como agir para formar pessoas que possam enfrentar desafios imprevisíveis cada vez mais frequentes e inusitados? E, sobretudo, como formar filhos autônomos e capazes de assumir as rédeas da própria vida? Afinal, educar é a arte de se tornar desnecessário.

Em momentos como este, o apoio e a parceria de pessoas com uma bagagem educativa consistente podem contribuir, de maneira especial, com aqueles que se encontram diante dessa nobre missão de vida que é educar.

Por essa razão sinto-me especialmente esperançosa ao apresentar essa obra, produzida com tanto amor, compromisso, dedicação e conhecimento por Ana Claudia e Adriana.

Com base em minha longa trajetória como educadora, gestora e formadora, reconheço a importância dessa iniciativa e sua enorme contribuição para a caminhada de todos aqueles que, envolvidos na grande tarefa de formar pessoas, se dedicarem à sua leitura.

Numa abordagem abrangente, prática e, ao mesmo tempo, simbólica e afetiva, alicerçada em experiência, estudo, pesquisa, criação e produção, as autoras oferecem a pais, mães e demais responsáveis, informações e orientações fundamentais para a escolha dos parceiros que terão grande importância e influência na formação dos seus filhos: a escola e seus educadores. Muitas são as variáveis a serem consideradas nessa escolha e conhecê-las de antemão representa importante suporte. Aqueles que já vivenciaram esse desafio sabem quantas dúvidas permeiam o coração e a cabeça na tomada desta decisão e como são bem-vindas orientações que possam subsidiar os envolvidos no processo! Especialmente considerando as várias alternativas de escola que se encontram disponíveis, desejosas de serem merecedoras da confiança de quem decide, com diferentes filosofias, concepções e práticas, estrutura, metodologia, ambiente e tantos outros aspectos que devem compor um conjunto harmônico, coerente, consistente e adequado às expectativas dos pais e de seus filhos.

Mediante tal desafio essa obra pode ser uma excelente aliada de todos que se encontram em momento de escolha da escola para seus filhos. Espero, sinceramente, que muitos possam se dedicar à sua leitura, beneficiar-se de suas contribuições e tomar decisões que ajudem seus filhos a serem pessoas realizadas e felizes. Parabenizo as autoras pela sensibilidade e pertinência da iniciativa e celebro as consequências positivas que decorrerão da sua leitura.

Angela Christina Souza Alves, professora, pedagoga, pós-graduada, atuou como, Orientadora Educacional, Diretora Executiva, Gerente de Educação e Recursos Humanos Diretora escolar, de Rede de Ensino e Professora de MBA em Gestão de Instituições Educacionais. Consultora especializada em Planejamento, Organização e Gestão de Escolas e Mantenedoras na área Educacional. Palestrante e membro do Conselho Diretor de Fundação da área educacional.

APRESENTAÇÃO

ESCOLHAS

A obra vislumbra revelar, de forma leve e suave, as escolhas que a vida nos propicia e que nos permite decidir de forma consciente ou intuitiva, mas assertiva cada uma delas. A proposta como autoras é partilhar as experiências que adquirimos ao longo da jornada pedagógica profissional, na condução da educação de nossos filhos e na busca pelo conhecimento por meio de estudos e cursos.

Nós somos duas pedagogas que o destino uniu, se é que ele existe. Por meio do trabalho, nos tornamos companheiras da viagem que se chama vida. E a vida tem dessas "coincidências" que são, na verdade sintonia, um alinhamento com Deus e com o universo.

Antes de sermos apresentadas uma à outra, uma grande amiga em comum, uma pessoa de luz, tão querida para nós, Lucirene Afonso, via muitas características semelhantes entre nós duas e constantemente mencionava que tínhamos de nos conhecermos. Com seu jeito falante, tagarela mesmo, sempre que nos encontrava, em momentos distintos, dizia para cada uma. – "Você tem de trabalhar com fulana...porque vocês são muito parecidas e terão muito a fazer pela educação." Não é que ela tinha razão!

Não sabemos até hoje se era um sexto sentido apurado, uma intuição, mas esse dia aconteceu. A vida nos presenteou de forma surpreendente e nós três iniciamos uma etapa de trabalho em uma mesma instituição. Com os encontros frequentes, conversas acerca do trabalho e da vida pessoal, descobrimos que tínhamos realmente muito em comum. A maneira de enxergar o mundo e as pessoas, a vontade de promover o bem, de ajudar o próximo, de perceber e de amparar as pessoas que nos rodeavam em busca de um convívio mais feliz e harmonioso.

Coincidência ou providência divina? Acreditamos em ambas as possibilidades.

Depois de 20 anos de convivência diária, amizade consolidada no trabalho e vidas pessoais partilhadas, nos tornamos as pessoas e profissionais que somos hoje.

Ao longo do caminho surgiram mudanças que ofereceram crescimento profissional, espiritual e pessoal. Tivemos a felicidade de trabalharmos novamente juntas, em outra instituição de ensino por longos anos, sendo parceiras e colaboradoras.

A nossa amizade se fortaleceu regada de cumplicidade, respeito, admiração e amor pela arte de educar. Nossa caminhada na área educacional foi sempre marcada por grandes aprendizados e ensinamentos.

Nossa maior experiência profissional é na Educação Infantil e no Ensino Fundamental I, anos iniciais, com passagens pelo Fundamental II e Ensino Médio, anos finais da educação básica.

Ambas vivemos, em nossas vidas pessoais, casamentos que se edificam na cumplicidade e no amor há mais de 30 anos. Nossos maridos sempre foram e são verdadeiros incentivadores da profissão que abraçamos. Somos mães que vivemos cada etapa da vida de nossos filhos. Adriana tem duas filhas e a Ana Claudia um filho e uma filha, o que nos faz mães com uma boa bagagem, e hoje, avós. O maior e mais perfeito amor, o de avó!

Aprendemos muito com eles, maridos, filhos e netas, o que nos projeta e nos faz trilhar um campo importante quando se tem uma visão mais ampla dessa jornada maravilhosa que é a educação.

Nessa cumplicidade esse livro nasceu. Ele é embasado em nossa crença no potencial do educador e nas possíveis transformações que ele pode realizar na vida de alunos, filhos e netos.

Esperamos contribuir na sua missão de educar, seja como professor, mãe, pai, avó ou avô.

Quando você busca o significado da palavra Educador no dicionário, encontrará a seguinte definição: adjetivo, substantivo masculino — Quem ou o que se ocupa de educação: um bom educador. Pedagogo; professor[1].

Na vida, é uma palavra ampla que engloba todo aquele que resolve investir tempo, dedicação, estudo sim, muito estudo, e amor — altas doses de amor — com paciência e sabedoria para apoiar, incentivar e instruir aqueles que dependem de você, aluno(a), filho(a) ou neto(a)!

Somos, em se tratando de matemática, a somatória de 35 anos de experiência profissional de cada uma — como professora, coordenadora pedagógica e orientadora educacional.

Nossa experiência hoje se "contabiliza", pode-se assim dizer, na soma de mais de 140.000 corações em busca de fazer a escolha certa, de proporcionar a melhor educação formal, espiritual, emocional, dentre tantas outras, para todos, alunos e familiares, que passaram por nossas vidas.

Contando com as individualidades, os fatores que não são passíveis de opções, que só acontecem e mudam o rumo da vida, construímos uma experiência que partilharemos com você.

A ideia é que nessa jornada em busca de oferecer a melhor escolha para a vida escolar e na educação de seus alunos, filhos ou netos, que nós sejamos esse link. Hoje, encontramos muito material no mercado para pedagogos, psicólogos ou para pais – experiências de outros pais partilhadas por meio de livros e mídias sociais – mas sentimos a necessidade de refletir e abrir um espaço para facilitar o processo de escolha da escola para o seu filho.

São muitas variáveis a serem analisadas para uma escolha

1 EDUCADOR. In: DICIO, Dicionário Online de Português. Porto: 7Graus, 2021. Disponível em: https://www.dicio.com.br/educador/ Acesso em: 25 de agosto de 2021.

assertiva. Seja no ato da matrícula, no momento de solucionar pequenos problemas do cotidiano ou como enfrentar desafios que surgem ao longo do processo.

As escolhas da vida nos são ofertadas gratuitamente pelo Criador e cabe-nos enxergarmos as oportunidades de mudanças, com discernimento e otimismo.

Juntos, ao longo desse livro, apresentaremos relatos, informações e dicas para que a educação formal do seu filho seja bem-sucedida. Afinal, são quinze anos de incentivo e investimento entre Educação Infantil e Ensino Médio.

Há tempo de semear e tempo de colher — mas o que e o como plantar para colher, dependem de inúmeras decisões, esforços e planejamento.

A leitura desse livro amplia reflexões sobre as escolhas diárias em suas vidas. Além de conduzir sobre a importância dessas e transformá-las como algo muito valioso para o presente e o futuro.

Não temos intenção de apresentar verdades absolutas. Nos colocamos em processo de constante aprendizagem, portanto, se em algum ponto, a sua experiência ou vivência como leitor tiver uma opinião ou posicionamento oposto, tenha certeza de que ao nos dispomos com a escrita desse livro, sugerimos melhorias. Sinalizamos alguns pontos apenas com a finalidade de contribuir para que você desenvolva uma visão crítica e construtiva sobre cada tema, jamais julgar ou ser taxativo em relação a um determinado assunto.

Estaremos sempre abertas ao diálogo e a escuta, para visualizarmos contribuições como educadoras. Temos, como real interesse, não esgotar um tema, mas auxiliá-lo a transformar a experiência escolar do seu filho ou aluno em um espaço de convivência feliz, em que todos se sintam comprometidos com a grande arte de aprender e ensinar.

Ao partilhar informações e ideias, precisamos lembrar que escola e educação são diferentes, a instituição de ensino é uma "companheira" nessa jornada maior que é educar com amor. Se a própria escola, enquanto instituição, está em constante transformação, nós, como pessoas, educadoras e autoras, nos colocamos na mesma situação.

Que possamos ajudar quem nos acompanhar nessa leitura, nessa missão!

Acreditar, ter fé e decidir é sempre uma opção pessoal.

CAPÍTULO 1

ACERTAR NO ALVO: UM VERDADEIRO RALI!

Já ouviu falar em ralis? Faremos uma analogia desse livro que orientará você na escolha da escola do seu filho, como um rali.

Rali é uma competição automobilística **cronometrada**, efetuada em **vias públicas ou não,** cuja finalidade é **testar** a **habilidade dos pilotos** e a **resistência das máquinas** através de **diversos postos de controle**, até chegar à **meta**.

Escolher a escola para o filho é um verdadeiro rali para os pais, são tantos fatores como: mensalidade, localização, proposta pedagógica e ainda atrelado aos valores pessoais da família e as necessidades individuais de cada filho.

Então vamos lá! Compare!

Optar pela escola que melhor atenda seu filho é se deparar com uma competição entre as escolas que irá conhecer. Hoje, muitas escolas contam com excelentes campanhas de marketing e são bem-organizadas na busca pelos clientes, como qualquer empresa. Isso pode, muitas vezes, até ser um ponto positivo, entretanto, um olhar mais cuidadoso revela os pontos que realmente são relevantes.

Geralmente essa busca é **cronometrada** porque você precisa garantir a matrícula em tempo hábil. Você pode se deparar com opções reduzidas para alunos novos. Em algumas escolas, inclusive, têm em lista de espera com anos de antecedência. Existe a mãe grávida que já coloca o nome do filho na lista de espera para que, quando a criança completar dois anos, possa ingressar no Maternal. Realidades a parte, têm prazos para matrículas. Muitas escolas incluem avaliações diagnósticas de ingresso com datas pré-determinadas, datas para concurso de bolsa, entre outros. Mesmo que a escola não necessite de nada disso, permanece o fator prazo, porque há um ano letivo que se inicia e seu filho precisa estar matriculado.

Caso seu filho for estudar em uma **escola pública ou não,** você precisa estar antenado com as demandas específicas das suas opções. A competição e o prazo por uma vaga estarão presentes nas duas redes.

Voltando ao rali pela escola ideal, é a hora de **testar** todos os pontos que farão parte dessa jornada. A cada capítulo apontaremos um ponto importante a ser analisado.

Você enquanto pai, mãe ou responsável legal é o piloto do rali. Como condutor, você precisa ter as **habilidades** necessárias dos pilotos. A sua desenvoltura como piloto no rali em busca da escola, contará conosco como navegadores, para ajudá-lo a usá-la da melhor forma possível. Iremos trabalhar a habilidade de piloto que você precisa para, antes da escolha, conhecer propostas, gestores e professores das escolas que irão conduzir as trilhas de aprendizagem do seu filho.

Quanto à **resistência das máquinas**, sim, esse fator é essencial. Sem um carro adequado, não se chega ao final do rali automobilístico, sem conhecer a máquina, que nos referimos aqui como estrutura física da escola, item que descarta outras possibilidades e ajuda no tempo para se avançar para o próximo ponto.

Ao longo do rali, passaremos por diversos **postos de controle,** o que consideraremos como fatores que devem ser analisados para se chegar à **meta**.

A diferença entre rali automobilístico e o seu rali na busca pela escola que melhor contribua para formação integral do seu filho é que no de automóveis só tem um vencedor e na educação todos ganham.

O que difere nessa analogia é que participar de um rali automobilístico pode estar na lista de todo fanático por carros para ele fazer pelo menos uma vez na vida se quiser. Diferente dos pais que, obrigatoriamente, irão fazer pelo menos uma vez na vida o rali em busca da escola em que o filho irá estudar.

As provas de rali não são para amadores e até o final deste livro você estará no pódio dos pais que buscam o melhor para os filhos. Um expert na relação escola, família e educação. Até mesmo para aqueles que por alguma razão não tenha sido dada a possibilidade de optar pela escola que seu filho estuda ou estudará, nesse caso, alguns instrumentos aqui ajudam e muito no seu dia a dia com a escola.

Em um rali de regularidade, ser rápido não é fundamental, o objetivo é manter-se dentro do tempo e do percurso estipulado. Todas as informações estão contidas em um caderno chamado de livro de bordo ou planilha. Cada linha contém distância a ser percorrida, média horária estipulada e caminho a ser seguido.

No rali da busca pela escola também é preciso ser assertivo nessa tarefa que a princípio parece fácil, mas sem um roteiro, sem os instrumentos certos, sem todas as informações necessárias, podem gerar gastos financeiros, angústias e perdas afetivas e cognitivas. E mesmo com todas as informações, com todos os instrumentos alinhados, com o livro de bordo, este aqui, em mãos, pilotos e navegadores profissionais se perdem nos ralis. São inúmeros casos de duplas experientes que se perderam durante ralis mundiais, você, pai ou mãe, também pode, por mais de uma vez, ter que rever esse caminho.

O que propomos é orientá-lo em relação aos preparativos que antecedem qualquer rali, que consiste em alinhar os instrumentos e rever o mapa da seleção.

A busca por uma escola é uma parte do rali. Outra etapa é a prova em si, quando seu filho já estará matriculado. Se bem-preparado, evitará erros e problemas. Outro fator são as condições adversas ao longo do percurso, quando seu filho já estará frequentando a escola e procuraremos ajudá-lo também nessa fase.

Os participantes de um rali geralmente são divididos em categorias. Os novatos, também chamados de amadores ou iniciantes, são a categoria de entrada desse tipo de competição e não exige nenhuma experiência anterior, sendo voltada apenas para quem deseja se divertir. Nesse caso, você pode ser até um iniciante no processo, ser a primeira vez que passará por isso como pai ou educador, mas não se coloque na mesma relação, não dá para dizer que fará uma opção só por" diversão" ou para ter um lugar para "deixar a criança para brincar". Afinal, a escola não se resume a mero depósito para crianças. Uma má opção ou a falta de cuidado em fazer uma escolha assertiva, podem acarretar sérios problemas futuros.

As categorias mais avançadas do rali são voltadas para competidores com ampla experiência e participações em campeonatos, ou seja, quem já passou por todo esse processo. No caso do rali em busca da escola, avós e pais de mais de um filho, hoje se deparam com uma realidade de muitas opções e informações. O que pode ter sido apenas intuitivo, hoje pode ser mais complexo diante de tantas variáveis e opções de escolas, de métodos, de valores e de profissionais que atuam.

Acompanhando a complexidade de cada categoria, há algumas regras sobre o uso de equipamentos de navegação. Vamos descrevê-las aqui para chegarmos ao final do rali com a certeza de missão cumprida e ainda ter usufruído de belas paisagens, ou seja, pequenos manuais e dicas para levar uma vida feliz a partir de uma educação positiva.

Em um rali, cada veículo deve ter um piloto e um navegador. No caso, você será o piloto e nós seremos o navegador, que é o passageiro responsável por guiar o motorista pelo percurso, informando sobre a existência de curvas, obstáculos, buracos e qualquer outra interferência que possa influenciar na condução. Pouco conhecido, o navegador é figura fundamental do rali automobilístico, da mesma forma, poucos pais estão instrumentalizados pela busca da escola que melhor irá acompanhá-los na educação do filho.

O automobilismo tem como principal figura o piloto. Na educação de filhos também, o piloto é você, pai ou mãe, que conduz, toma as decisões e mantém o curso da vida das crianças na direção certa. Apesar de na maioria das categorias o piloto competir sozinho dentro do carro, sempre há outros colaboradores nos bastidores, ajudando o protagonista a buscar o objetivo.

Na maioria das competições os navegadores não vão para a pista, não é o caso do rali, em que o navegador desempenha uma função muito mais relevante do que um simples copiloto. Opa! Presente! Estamos aqui para isso!

Figura pouco ou não conhecida pelo público geral que não acompanha esse tipo de esporte, o navegador participa da corrida do banco do passageiro, mas está longe de ser apenas uma figura passiva no carro. O nome da função é sugestivo, mas eles fazem muito mais do que apenas ajudar os pilotos na travessia dos circuitos. A função básica é o que o nome diz, ditar o caminho, passar para o piloto o roteiro, todas as observações da planilha, seja de trajeto ou de perigo.

O navegador é fundamental para colocar carro e piloto no limite das capacidades. Enquanto, você, pai ou mãe, estará focado em colocar em prática toda a parte de monitoramento do rali, todo o painel de instrumentos ficará para nós, as navegadoras.

Se puder, se forem uma dupla ou mais que irão participar do rali em busca de uma escola, lembrem-se que cada dupla ou trio, tem uma divisão de funções que combine melhor com as habilidades de cada um dos membros. Ou seja, não adianta ter um excelente piloto e um mau navegador que não funciona. Os dois tem que somar. Tanto na decisão estratégica da prova, para qual iremos dar um norte, tanto para quem estará à frente na prova, que irá sentir e conhecer as escolas pré-selecionadas para a visita, ou seja, você e todos da rede de apoio que irão participar do processo devem ter os conhecimentos necessários, seja em relação ao temperamento e às particularidades do filho quanto às crenças e aos valores dos envolvidos.

Na verdade, em ambos os ralis é preciso casar os mesmos interesses, alinhar pensamentos e bolar estratégias complementares.

Toda a parte de monitoramento da estratégia, todo o painel de instrumentos está para nós, ao longo de cada etapa e de cada capítulo. O navegador necessita estudar bem o trajeto que o carro passará nas etapas diárias de um rali, assim, como nós apresentaremos para você.

Os navegadores, mesmo com tamanha importância, não recebem o destaque merecido e sequer têm uma função conhecida. Quem é do meio não sabe da relevância do navegador e nossa função aqui será essa. Tanto o piloto quanto o navegador são partes de uma equipe que, somadas, alcançam um resultado. Tanto no rali automobilístico, quanto no rali em busca da escola, as pessoas não compreendem a importância de ter ações e conhecimentos prévios dos atos para se atingir os objetivos. É uma questão cultural para qual nós pretendemos trazer um alerta e apontar um caminho para o grau de importância de se fazer uma escolha assertiva.

Construiremos juntos um caminho, um roteiro de orientações que irão nortear pontos importantes e o passo a passo na escolha da escola do seu filho. O livro será como uma bússola.

Como são muitos pontos a serem colocados na sua lista antes de conhecer uma escola, faremos dois pontos de destaques:

- *PARADA OBRIGATÓRIA que são dicas valiosas na carta de instruções para utilização do livro de bordo que estamos construindo.*
- **CHECK POINT que são os itens essenciais a serem ponderados na sua escolha.**

Inclusive, no final do livro, teremos todos eles com espaço para que você possa anotar as impressões, comparar e tomar a decisão, ou seja, acertar no alvo, na escolha da escola parceira.

CAPÍTULO 2

A VIDA É FEITA DE ESCOLHAS

A vida é feita de escolhas, isso nós já sabemos. Mas nenhuma é tão impactante como a decisão de ter um filho.

Essa decisão ocorre em situações diferentes, algumas favoráveis, como uma decisão a dois, planejada com todos os recursos financeiros e emocionais que trazem tranquilidade quando o resultado para o exame de gravidez, até mesmo o de farmácia, feito no banheiro, com um simples jato de urina, é positivo.

Impressionante como um simples gesto, como um exame de urina no banheiro, muda por completo a vida.

Podemos afirmar que no mundo pós-moderno que vivemos, uma gestação, mesmo em um cenário favorável, muda literalmente sua vida. Pouquíssimos outros acontecimentos serão capazes de tamanha transformação.

Ter um filho, quando optar pela adoção ou por um filho gerado, terá o mesmo impacto sobre sua vida. Se você estiver diante de um cenário, que acontece na grande maioria, recheado de inúmeras variáveis que não são favoráveis, você precisa se preparar.

Independente se você assumirá como casal ou sozinho(a) a maternidade/paternidade, se terá apoio emocional de familiares, se terá o suporte financeiro ou mesmo se contará ou não com uma simples rede de apoio para pequenas tarefas rotineiras, como lavar uma louça ou cuidar da seu bebê para que você possa tomar um banho, esta decisão de ter, amar e educar esse filho, que pode ter sido ou não "planejado" - nessa segunda circunstância não acreditamos que exista uma palavra em qualquer idioma que defina essa situação - você optou por essa nova vida.

A chegada de um filho é dizer sim para uma mudança única e indescritível da sua trajetória. Nós podemos afirmar que o seu sim é como o sim de Maria, você aceitou única e exclusivamente por amor. Amor, a base para todas as suas decisões e escolhas daqui por diante.

Em uma gestação, primeiro ocorrem as mudanças físicas no corpo da mãe e, em qualquer circunstância, existirão transformações na mente e no emocional. Os pensamentos mergulham e elaboram indagações antes nunca pensadas: – "Como será o meu bebê? Desejo ser uma mãe exemplar? Minha vida irá mudar?"

São mudanças e mais mudanças para receber e acolher nos braços uma nova vida.

Uma decisão por amor, não quer dizer que seja fácil e que não será preciso fazer mais de uma centena de escolhas, mas podemos afirmar que se você se preparar para cada uma, elas serão mais fáceis e assertivas.

Dentre todas as variáveis que cada decisão carrega, de uma forma bem leve, lembre-se que só reis e rainhas não tiveram essa opção. Vale aqui a reflexão, será que eu gostaria de estar nessa situação? A Rainha Elisabeth II não pode fazer escolhas, porque ela nasceu em uma posição e aos 25 anos teve que assumir um cargo que mudou todo o rumo da sua vida. Nós, "reles mortais", temos a chance de decidir, para isso, use todas as ferramentas disponíveis que o ajudem nessa missão de educar um filho.

Tornar-se mãe ou pai é começar a maior jornada de amor e de doação incondicional que existe.

A maternidade/paternidade é algo sublime, intenso e ao mesmo tempo desafiador, cansativo e angustiante. Contemplar o dom da vida de um filho ao nascer nos braços é algo divino, obra infinita do Criador.

Surgem inúmeros sentimentos também; pavor, pânico, medo, ansiedade, culpa, mas esses, com uma boa bússola, um bom norte, você irá superar e ter momentos indescritíveis nesse percurso.

Em uma campanha publicitária do Dia das Mães em um shopping, estava a frase que melhor define o que é ser mãe ou pai: "A decisão de ter um filho é ter o coração pulsando fora do corpo para o resto da sua vida!" Podemos afirmar que vale a pena cada momento.

A vida nos permite sonhar, pensar, idealizar, projetar e concretizar grandes obras.

O ventre materno acolhe uma nova vida e esse novo ser que se desenvolve é uma verdadeira dádiva de Deus!

Quando você tem um filho, uma parte do seu cérebro funciona exclusivamente para saber onde ele está, como está e o que precisa. Ao mesmo tempo que é a situação mais difícil e desafiadora do mundo, é a mais fácil. Acredite, quando nasce um filho, gerado ou não, nasce um pai e uma mãe. Confie! Você, ao se preparar, será um(a) ótimo(a) pai ou mãe.

Como coloca Murilo Gun[2], nascer uma mãe ou pai não garante que nasça um educador, pois vivemos em um mundo dinâmico que se altera de acordo com as necessidades de um determinado momento. Ele afirma em sua análise, como o instinto é essencial, mas que precisa de instrumentos.

Quando um novo ser chega ao mundo, o coração do pai e da mãe bate em novo ritmo, a casa muda o cheiro e a agenda giram em torno de cuidados básicos como alimentação, higiene, troca de fraldas, sono e tantos outros necessários para o desenvolvimento desse bebê. O olhar para uma criança requer todos os cuidados para sua sobrevivência. Os acertos representarão as conquistas e os erros aprendizagens para uma vida.

Educar é trabalhoso, muitas vezes é uma tarefa exaustiva, mas quando se tem amor, a missão desafiadora torna-se viável e concreta.

A habilidade dos pais de compreenderem as necessidades das crianças e atitudes empáticas resulta em aproximação e doação.

Como e enquanto mãe ou pai, não se sinta na mera e exclusiva

2 GUN, Murilo (1981), palestrante, professor de criatividade e fundador da Keep Learning School, nascido em Recife, Pernambuco, Brasil.

obrigação de ter que lidar com os obstáculos que surgem no dia a dia sempre de forma assertiva. Nos primeiros meses você terá o privilégio de se conhecer e de se adaptar. O mais importante é o acolhimento, o afago, o amor e os ensinamentos que a maternidade/paternidade te contemplará.

Você se tornará um indivíduo mais forte, um verdadeiro leão ou leoa frente as etapas vividas, repleto de muito amor e afeto renovados a cada novo dia.

Os filhos têm o poder de transformar e as escolhas de como será o desenrolar dessa aventura, por mais fácil ou mais difícil que seja, será sempre sua.

Você faz parte de um plano MAIOR! Assegure-se sempre de que a sua vida é um dom. Assim a missão torna-se mais leve, prática e menos estressante. Partilhe suas vivências com pessoas que o amam e o apoiam.

Buscar conhecimentos e partilhar saberes educativos oferece a clareza de que as inquietações, dúvidas, inseguranças e anseios residem no coração de cada ser chamado "MÃE/PAI".

Os perrengues existem e não são exclusivos para alguns, mas para uma grande maioria de mães e pais.

Mais do que ser mãe/pai, você vivenciará um amor maior do que esse, o amor das avós. Todas as avós dizem que é um amor igual, mas muito melhor. Elas descobrem, por experiência própria, que para uma vivência emocional é preciso se preparar e viver da forma mais leve que puder! Não espere ser avó para se sentir e agir assim!

As lutas diárias que nossos pais e familiares passaram e passam requer um olhar de encorajamento para novas conquistas. Independentemente de como tenha sido, no que você concorda ou discorda, alinhe seus valores no que tange a educação e o futuro do seu filho com aqueles que farão parte da sua rede de apoio, cônjuge, avós, amigos, cuidadores, professores e caminhe com segurança nas tomadas de decisões.

PARADA OBRIGATÓRIA: alinhe seus valores.

O que seriam esses valores? Tenha clareza do conjunto de regras ou crenças que determinam sua conduta, suas ações. Perceba se algo é correto e se é prioridade para você.

Quando não se sabe o que se almeja, qualquer caminho serve. Essa premissa vale quanto a ter a nitidez da sua escala de valores. Essa consciência norteará seu caminhar, não pelos valores de outros, correndo o risco de ser levado por normas e códigos alheios, acarretando angústias e tristezas.

Surgem situações adversas que trazem rupturas, desgaste emocional e problemas que poderiam ser evitados. Com valores alinhados, fica bem mais fácil administrar situações de conflitos ou comportamentos indesejados. Vale sempre refletir sobre a situação, a decisão a ser tomada e qual a melhor forma de ação de acordo com os valores que você priorizou.

Estabeleça e tenha uma percepção clara da sua escala de valores. Fundamente suas decisões nessa escala e as interferências externas ou opiniões alheias não terão um peso. Não terão poder sobre você.

Você pode não perceber, mas muito do que pensa ou opta por fazer na educação de seus filhos surge das suas experiências anteriores ou de uma programação mental que não foi escolhida por você.

O exemplo que você teve a respeito da educação de filhos era o modo de agir dos seus pais, dos seus avós ou demais envolvidos. Opte por adotar novos padrões de pensamentos, daquilo que vem em discordância com seus valores. A maneira de fazer escolhas e tomar decisões que interferem na sua vida e de seu filho é você quem determina.

Seu nome é Hoje

Somos culpados de muitos erros e muitas falhas,
mas nosso pior crime é abandonar as crianças,
desprezando a fonte da vida.
Muitas das coisas que precisamos podem esperar.
A criança não pode.
É exatamente agora que seus ossos estão se formando,
seu sangue é produzido,
e seus sentidos estão se desenvolvendo.
Para ela não podemos responder "Amanhã"

Poema de Gabriela Mistral[3]

3 MISTRAL, Gabriela, (1889-1957), foi uma poetisa, educadora e diplomata chilena, primeiro nome da América Latina a vencer o Prêmio Nobel de Literatura.

CAPÍTULO 3

A ESCOLA PARCEIRA: ESPAÇO DE ALEGRIA E CONVIVÊNCIA

Qual escola você gostaria de ter para os seus filhos?

Muitas vezes nos deparamos com a euforia das famílias na busca por conhecerem colégios, na procura daqueles que ofereçam uma excelente educação.

Sabemos que essa definição envolve muitos aspectos que merecem ser observados e avaliados pelos pais. Na verdade, cria-se expectativas nas mais diferentes esferas, pai ou mãe idealiza uma escola em que a criança possa desfrutar de uma excelente formação acadêmica e que permita também o seu desenvolvimento pleno.

A escola é um grande espaço de socialização e interação, os vínculos de amizades se formam regados de sentimentos de pertença e valorização.

O que conduz a aprendizagem para que essa se torne significativa são as vivências e experiências das crianças. As relações e os vínculos estabelecidos são valiosos nesse processo. Isso só é possível quando a escola e a família propiciam ricos momentos de aprendizagem para as crianças. Essa é a verdadeira parceria a ser estabelecida.

Pais e mães querem uma escola parceira e precisam de uma decisão assertiva na escolha, para não se transformar em um problema.

A escola sozinha é limitada. O pai que não busca uma sintonia nessa parceria ou a confunde com querer moldar a escola para atender a sua individualidade, não obterá os melhores benefícios.

O encanto inicial pela estrutura da escola, se compara ao início de um namoro. Primeiro acontece uma atração física, como um atrativo inicial pela estrutura da escola, mas é preciso conhecer antes de assumir um compromisso sério.

Você precisa se certificar se aquela instituição conseguirá estabelecer com você uma parceira, se você, como pai ou como mãe, está disposto a atender a demanda daquela escola, se a escola acolhe a sua realidade. Você pode participar com ideias e sugestões que irão agregar valores, mas sua individualidade não redefini o projeto educativo.

Veja a situação daquele pai que não acredita, não pode ou não quer disponibilizar tempo para ajudar o filho nas atividades de dever de casa. Como o contrário, pais que acreditam que a quantidade de horas de estudo ou de tarefas de casa é essencial para aprendizagem.

Antes de optar por uma instituição, verifique qual a intensidade e como são essas tarefas em uma rotina escolar. Futuramente, será complexo querer mudar a realidade e questionar a quantidade ou deixar de fazer as tarefas propostas acarretando prejuízo para os filhos. Existirão situações atípicas em que será necessário rever uma alta ou baixa demanda de atividades, mas diante de uma proposta e a conduta geral, a escola já pode lhe informar como administra esse processo.

Uma vez, ao apresentar a escola para uma família, eles questionaram sobre o projeto de leitura, se existia incentivos para que os alunos lessem. O objetivo dos pais era saber a dinâmica para que o filho se tornasse um futuro leitor, pois a criança ingressaria na turma de alfabetização no próximo ano. Quando terminada a explicação do projeto em que foram informados que os alunos liam muito, tanto em casa quanto no colégio, a mãe relatou que ela e o pai não tinham o costume de ler, por isso a preocupação deles.

Como educadoras, incentivamos a participação familiar para despertar na criança o desejo de descobrir as palavras e contextualizar. O processo e o gosto por aprender começa no berço. Cantigas de ninar, histórias e pequenos versos aquecem o coração, despertam o interesse, a criatividade e a imaginação.

PARADA OBRIGATÓRIA: A parceria entre pais e escola é construída.

A aprendizagem é consolidada em uma relação de afeto, confiança, respeito e amor. O vínculo afetivo é o ingrediente que norteia os sentimentos e as emoções. Uma vez que esse seja conquistado, acreditamos que a escolha será assertiva e que a escola será parceira.

Relacionamentos são alicerçados na boa convivência e se sustentam na direção do amor, do respeito e da empatia. O sentimento de pertença faz o indivíduo se sentir amado, respeitado e, acima de tudo, valorizado.

O relacionamento com a instituição deve ser nutrido na transparência da comunicação, no respeito e na confiabilidade da proposta educacional desenvolvida pelo colégio. O objetivo de prezar por esse bom relacionamento família e escola, alicerça parcerias sempre dispostas a contribuir.

O poema EDUCADOR, retrata o apelo de uma criança que almeja tanto por aprender.

Educador

Se você me ensina com rancor,
Respondo na capacidade máxima
da minha dificuldade.
Se você me ensina com amor,
Respondo na capacidade máxima
da minha facilidade.
Quero aprender sem sofrer.
Preciso gostar de mim para crescer.
Quero uma escola de alegria!
Com aprendizagem rica e macia.

Maria José Magalhães Ferreira[4]

4 FERREIRA, Maria José Magalhães – educadora, escritora e membro da Academia Patrocinense de Letras desde 2013.

CHECK POINT: faça uma lista do que é realmente importante e está alinhado aos seus valores.

Tem pessoas que escolhem a escola do filho e a sala que ele irá estudar para se aproximar de pais que tem prestígio, poder e dinheiro. Sim, pode parecer um absurdo para você, mas ser convidado para as festas de aniversário, ser amigo e frequentar a casa do pai do amiguinho é algo importante e define a escolha da escola.

Cada decisão ou cada atitude que você, como pai ou como mãe adota, da mais simples à mais complexa, tem uma motivação e você deve descobrir qual é.

Um ponto muitas vezes comum em uma decisão é a indicação de um amigo próximo que lhes garante que a escola em que os filhos deles estudam é excelente. Pode ser, mas o que é bom para o filho dos outros pode não ser para o seu.

PARADA OBRIGATÓRIA: Uma escola é boa, quando ela é apropriada para o SEU filho.

CHECK POINT: Esse é o ponto de partida, conheça a fundo a escola, tenha claro suas prioridades e conheça seu filho, aceite-o como ele é e proporcione a ele o que é bom para ele. Não o compare ou estabeleça escolhas baseadas em amizades ou modismo.

Se tiver interesse em saber mais, comece por questionar. Pergunte ao seu amigo sobre a escola que ele indicou. Como ele vê a escola? Como a escola o vê como pai?

O nível de satisfação dos pais em relação a uma escola é importante. Afinal, se os pais estão felizes com a escola, tendem a participar mais e serem mais parceiros.

Quantos pais são levados a uma decisão baseado em falsas

premissas. Tenha clareza dos pontos importantes para você e para o seu filho. Isso serve para irmãos. Quantas vezes pais decidem por uma escola em função de um filho. Irmãos não precisam necessariamente estudar no mesmo educandário.

A situação é bem complexa porque exige logística e tempo, mas se for necessário fazer uma única opção, use os instrumentos que lhe daremos para fazer a escolha que melhor atenderá aos dois ou mais filhos.

Se não puder decidir a escola que seu filho irá estudar ou se tiver filhos com perfis, temperamentos e demandas específicas que precisam estudar na mesma escola, adapte à realidade da escola para à personalidade de cada um. Você pode fazer isso? Claro! É no momento de estabelecer a parceira que você precisa mencionar as diferenças e verificar como a escola agirá com cada um.

CHECK POINT: conheça o(s) responsável(eis) que serão seus parceiros no que tange à educação do seu filho ao ambiente escolar.

Dentro de uma escala de valores, reflita: o que é uma escola PARCEIRA? A relação entre pais e escola se inicia no acolhimento. Os pais precisam conhecer o ambiente escolar e isso não abrange apenas a sala de aula.

Acolhimento é sentir-se aceito pelos outros. E você percebe esta atmosfera no primeiro contato. Seja por telefone ou pessoalmente, você sentirá esse amparo. Como é maravilhoso ser acolhido quando se chega em algum lugar, isso provoca a crença de que aquele ambiente é harmonioso e que as pessoas que ali trabalham se interagem, prezam pelo respeito e o fazem se sentir pertencente.

A primeira impressão realmente fica registrada na mente e muitas vezes cria expectativas por algo que ainda não se conhece. A forma como a escola acolhe, dará a você a decisão de continuidade ao próximo passo. Muitas vezes a escola já irá lhe encantar nesse momento e mostrará a forma como atua. Um sorriso, uma prontidão em atender, uma abertura para mostrar que você e seu filho são bem-vindos. Isso faz diferença, mas é só a porta de entrada.

Como observar esse acolhimento?

Essa é uma parte mais intuitiva, mas a forma e a segurança como cada membro da equipe o atenda, seja por telefone ou pessoalmente, fará com que você já perceba se há unidade nas ações e se a equipe tem a percepção objetiva do local e da atuação de cada um. Caso as ações e atitudes sejam desconectadas e você perceba que a forma de agir não está entrelaçada, é sinal de que não existe uma sinergia.

O acolhimento já mostra o carisma e o perfil da instituição e você já pode alinhar aos seus valores. Esse acolhimento não definirá, mas será ponto importante para você seguir em frente.

Toda escola deve estar pronta para atender os pais que querem conhecê-la a qualquer momento. Apresentamos aqui o primeiro passo no "diário de bordo" do rali em busca da escola.

CHECK POINT: agende um atendimento pela equipe pedagógica.

Se você quiser conhecer a proposta pedagógica, saber quem estará diariamente com seu filho, faça isso. Busque ser atendido por quem irá responder pela educação formal e pela missão e visão da instituição.

Aqui temos dois pontos relevantes, o não agendar e querer ser atendido na hora que chega muitas vezes não será possível. No dia a dia escolar a equipe pedagógica tem uma agenda intensa e isso não é um ponto negativo para escola e sim para você. Alguns pais tendem a pensar que o fato da coordenadora ou orientadora, não poder atender naquele momento é falta de disponibilidade e já descartam a escola. Em qualquer empresa, para ser atendido por uma determinada pessoa, é indispensável se organizar e agendar.

Sem agendar, você poderá ser atendido por alguém que não será o responsável direto por seu filho e, portanto, você pode não ter as respostas que precisa.

Visitar a escola em um ano, não é garantia de que aquele profissional estará na mesma função ou instituição no ano seguinte ou mesmo após a matrícula, mas você terá as informações necessárias com a melhor pessoa, no momento, para lhe descortinar como a instituição e o ensino se desenvolvem naquele setor específico.

Procure a pessoa certa se realmente quiser a informação correta. Se optar por aquela escola e a pessoa que você manteve contato estiver à frente, ótimo, a sua parceria já começou a se estabelecer.

Na maioria das escolas quem apresenta a parte da estrutura física não é quem fará o acompanhamento pedagógico, por isso, agendar um horário garante que você já faça as duas triagens em uma única vista.

Ao realizar o agendamento, procure ser pontual, avise com antecedência caso haja a impossibilidade de comparecer ao encontro e faça um novo agendamento. Esse primeiro encontro é interessante para que a família possa conhecer a instituição, questionar e sanar possíveis dúvidas.

Em busca por uma escola, como mãe, uma de nós foi conhecer uma escola de uma grande rede de ensino e bem-conceituada para um dos filhos. Para compreender todo o funcionamento e se a filosofia da escola estava atrelada a da família, agendou um horário para visita, seguido de um horário com a orientadora educacional que seria responsável pelo acompanhamento do filho.

No dia e no horário agendado, ao chegar à instituição, foi muito bem recebida pelo porteiro e pela atendente que com maestria mostrou e explicou toda a estrutura física. Entretanto, a atendente logo comunicou que a orientadora não poderia realizar o atendimento porque teve uma reunião agendada de última hora na outra escola da rede, em outro local, com a mantenedora.

Ponto negativo para a instituição em termos de comunicação. Primeiro porque um telefonema na era do celular, para informar a mudança na programação e ser dada a opção de reagendar, mostraria o grau de comprometimento e respeito com o horário e com a pessoa do pai. Conversar com a orientadora era importante e ir à escola e não ser atendida por ela não estava nos planos, mas a frustração inicial poderia ser relevada e a conversa, considerada essencial, reagendada. O bom acolhimento dos demais poderiam superar a primeira impressão antes que a falta de confiança se estabelecesse de certa forma.

Ciente de que imprevistos acontecem, o pior estava por vir. Ao passar em frente a sala da orientação e a prestativa atendente que apresentava a escola mostrar o local, a orientadora saiu da sala, foi ao corredor encher a garrafinha de água, passou pela "futura" mãe de aluno e não demonstrou o menor interesse em saber quem era a "mãe" que estava no corredor. Ao questionar a atendente se não era a orientadora que tinha um horário agendado, nitidamente constrangida, a auxiliar responsável por acompanhar a visitante, com um sorriso amarelo, disse: – "A reunião deve ter terminado mais cedo".

Vejam como um agendamento refletiu em uma série de importantes indícios. Primeiro, falta de comunicação, seguida de falta de respeito e de confiança. Como se poderia estabelecer um laço com uma escola, uma parceria, se a pessoa responsável não foi acolhedora, não agiu com a verdade e não demostrou nenhum cuidado ou simpatia. Talvez um sorriso, uma transparência em perguntar: – "Você é a mãe que tinha um horário comigo?", seguido de um cumprimento e um pedido de desculpas atrelado a um – "Vamos marcar outro horário, acabei me liberando mais cedo, mas estou com uma urgência aqui." ou até mesmo um "quer ser atendida agora?" Dessa situação imprevista poderia ter surgido uma grande parceria.

A participação e o apoio das famílias junto à escola selam uma sociedade com grandes êxitos e progressos constantes no desenvolvimento das crianças.

A conexão é um ponto importante e deve ser percebida quando os pais visitam as escolas.

CHECK POINT: a escolha começa no acolhimento e no atendimento.

Para que o pai estabeleça com a escola uma parceria pautada na confiança, é necessário que saiba onde o filho realizará cada atividade, precisa ter certeza de que os ambientes são seguros e favorecem o desenvolvimento do aluno tanto em relação a estrutura física quanto as pessoas que ali compõem aquele ambiente.

Ao agendar um horário, tanto o pai quanto os atendentes da escola devem evitar ao máximo atrasos e desorganização. É sempre bom lembrar que o tempo dos pais é muito valioso, assim como de cada colaborador da escola.

CHECK POINT: ao agendar o horário, já comunique o que pretende conversar e o que gostaria de ver.

Para que o tempo de ambos os envolvidos sejam bem aproveitados, comunique que quer conhecer a rotina, a proposta pedagógica, a metodologia e deseja apreciar o material didático utilizado.

Ao agendar um horário, procure se informar se será um dia em que as atividades programadas fazem parte do cotidiano. Conhecer uma instituição de ensino em dias de eventos pode oferecer uma visão diferenciada da rotina escolar.

Algumas escolas abrem e até convidam futuros pais de alunos para vivenciarem e apreciarem projetos e eventos importantes, mas esses dias devem ser um plus, uma oportunidade a mais. Indicamos agendar uma visita guiada em um dia de rotina.

Algumas escolas já têm uma organização minuciosa para atendimentos individuais ou em grupos, o que já agrega valor em termos de otimizar a visita e o tempo de todos. Agendam com pequenos grupos de pais, apresentam de forma coletiva os espaços físicos e em seguida reúnem os visitantes para explanar sobre a proposta pedagógica a ser trabalhada.

Caso a família não esteja morando naquela cidade ou se encontre impossibilitada de participar da reunião presencial, peça uma reunião virtual com a equipe diretiva, para assim conhecer a instituição, a proposta pedagógica e metodológica.

Portanto, programar a visita ao colégio, por meio do agendamento prévio com a intenção de conhecer e conversar com a coordenação ou orientação para avaliar de forma detalhada a proposta pedagógica, material didático utilizado, emprego de ferramentas tecnológicas, projetos desenvolvidos, programa bilíngue, grade horária, calendário, comemorações e avaliações são fundamentais no processo.

CAPÍTULO 4

EU ME COMUNICO COM A ESCOLA E COM O MEU FILHO?

Uma imagem vale mais que mil palavras. O ditado é popular e milenar. A charge alerta para várias situações do cotidiano, inclusive no que se refere a uma programação neurolinguística e a psicologia positiva: o poder da palavra. Portanto, a "língua" do adulto significativo, do que educa, do que conduz, tem que ser observada, bem medida e, em inúmeras situações, comedida.

A fala, o que sai da nossa boca, ou mesmo, uma comunicação não verbal que é expressa por meio de uma linguagem corporal e manifestada apenas pelo corpo através de expressões faciais, posturas corporais e gestos, mesmo que de forma inconsciente, determina que mãe e pai você é.

Abrange também a Comunicação Não Violenta, uma abordagem criada pelo psicólogo Marshall Bertram Rosenberg[5], que

5 ROSENBERG, Marshall Bertram (1934 - 2015), psicólogo norte-americano e escritor, orientador educacional em escolas e universidades americanas.

busca a resolução de conflitos por meio de diversas práticas que estimulam a compaixão e a empatia.

A CNV ou Comunicação Não-Violenta nos leva a refletir sobre a maneira como nos relacionamos, sobre a importância da escuta ao outro, da presença e da conexão, para um equilíbrio na comunicação.

É uma porta que abre para a formação de um vínculo por meio da linguagem, permeado com as sensações e com as emoções.

A comunicação em si é um meio que aproxima e gera relacionamentos mais harmoniosos. Praticar a Comunicação Não Violenta e nutrir a potência da compreensão como chave para convívios mais saudáveis.

PARADA OBRIGATÓRIA: o poder da comunicação irá influenciar diretamente na vida escolar e nas relações interpessoais do seu filho.

A escola, além da formação cognitiva, tem uma função social e reflete o que acontece no mundo fora dos portões. A comunicação é um ponto definitivo de como as relações se estabelecem. Você, como pai, constitua primeiro uma relação de comunicação com seu filho e depois com a instituição.

O educador, seja pai, mãe ou professor, é o mediador de aprendizagens e para que essa aconteça, escola e professor necessitam conquistar o pequeno coração para alcançarem a cognição. Os pais têm um papel fundamental nesse processo.

PARADA OBRIGATÓRIA: NUNCA trate assuntos educacionais na frente das crianças. Se os pais têm alguma observação sobre a escola e principalmente sobre o professor, faço-o em particular, entre adultos.

O professor é uma referência significativa. Você, como pai ou mãe não deve desmerecê-lo e trazer uma angústia para o pequeno. Por meio de um diálogo, reflita sobre alguma ação que veio em discordância, leve a criança a compreender com segurança o que trouxe esse sentimento de desacordo entre os adultos responsáveis por ela.

Essa ação é importante inclusive entre os pais e a rede de apoio, avós, cuidadores e todos os envolvidos no processo.

A comunicação dos pais agrega para a criança a confiança e o aprendizado para expressarem de forma clara e objetiva seus pensamentos, ideias e sentimentos. Saber se comunicar é uma grande arte e os pais são os primeiros a estimularem esse aprendizado, desde as primeiras palavras da criança.

Pais e professores que desmerecem ou desrespeitam de forma enfática o comportamento de outros adultos importantes para a criança, podem estabelecer a seguinte mensagem subliminar: — "Se essa pessoa que amo tanto (no caso, o adulto significativo) fala ou faz isso com outra pessoa que eu também gosto e cuida de mim, como será que ele fará comigo um dia?" ou "Como posso proteger essa pessoa importante para mim se eu contar o que acontece?". Muitas vezes, atitudes como essa levam os pequenos a não mais "contar tudo o que acontece". O quadro se agrava se o conflito ainda envolver outra criança. Torna-se uma preservação natural e os canais de diálogos começam a se fechar.

Inúmeras vezes nos deparamos com pais ansiosos e angustiados para resolução de um conflito escolar. Esses surgem a todo momento. Não são as desordens que devem ser enaltecidas, mas a forma de resolvê-los.

Foram diversas situações em que pais se colocaram e disseram palavras ofensivas contra um amigo do filho ou um professor, aumentando a angústia do pequeno ao invés de, por meio do diálogo, levá-lo a entender os sentimentos e instrumentalizá-lo com ferramentas positivas para mediar a confusão.

O pior é quando um filho apanha de um colega e nos deparamos com um pai ou uma mãe destilar frases de incentivo a revidar. Não existe maior disparate ou desgaste como algo desse tipo. Afinal, violência não se resolve com violência, se conduz com inteligência, ação e argumentos.

Se a criança já estava diante de um problema, adultos, com essa atitude, acabam por aumentar a ansiedade dela.

Ao exigir de uma criança uma resposta agressiva, o adulto pode se colocar contra a natureza dela. O pequeno ou o jovem passará a enfrentar duas dificuldades desgastantes em âmbito emocional e extremamente sofridas. Ele precisará, contraditoriamente de resolver o impasse e ser agressivo para atender a instrução do adulto. Se atitudes combativas já for uma constante nas ações dessa criança, agora ela tem o aval do adulto significativo.

Pais ainda conseguem piorar a situação quando resolvem intervir abordando a outra criança para elucidar o conflito ou até mesmo tirar satisfações. Se isso ocorre em espaço escolar, vale a ressalva que o responsável pode ter que responder legalmente. Esta abordagem direta não é permitida pelo Estatuto da Criança e do Adolescente[6].

Por incrível que pareça, é mais comum do que possa parecer. Muitos pais ao lerem isso, afirmam que nunca agiriam assim, mas na prática ainda falta respeito e cautela. É preciso de respirar várias vezes antes de agir. Por isso não julgue, reflita e se prepare.

Um fato que elucida bem esta situação ocorreu com duas crianças de cinco anos. Crianças vindas de famílias presentes e amorosas com os filhos, entretanto, crianças de temperamentos e naturezas diferentes.

Uma era agitada, impulsiva e outra mais observadora e reservada. A mais impetuosa, ao se deparar com o conflito, reagia de

---

6 ECA Estatuto da Criança e do Adolescente – lei que cria condições de exigibilidade para os direitos das crianças e dos adolescentes definidos na Constituição Federal.

forma agressiva. A professora e a orientadora iniciaram um trabalho com as crianças e os pais. Entretanto, a angústia dos adultos, que não esperaram o caminhar do processo de orientação, resolveram deliberar entre eles. A pressa que gerou inúmeras discussões entre adultos que se tornaram antagonistas. Além de uma carga de desgaste emocional gigantesca para os envolvidos.

Criança é um ser fantástico. São espontâneas e resolvem seus problemas de forma simples, rápida e sem mágoa, mas eles também têm seus limites.

No dia em que o aluno mais sereno, se sentiu seguro, cansando da situação, ou que o copo ficou cheio e transbordou, ele resolveu o problema e deu um basta.

O adulto não precisa mandar ou intervir de forma direta. Se a criança se sente acolhida pelo professor e pelos pais, ela mostrará ao outro, no momento que estiver pronto, que não admite aquela situação. Assim ocorreu e assim acontece. A carga emocional disparada naquele momento, no instante definido pela própria criança, fez com que o mais intempestivo percebesse a força e a capacidade de se defender do colega.

Os pais, se tornaram opositores e as crianças conectadas e fortalecidas na escola da vida.

Aconteceu com um filho também, nessa mesma idade, nas férias de verão, brincava todos os dias com o primo um ano mais novo. Diariamente a irmã mais velha e os adultos que acompanhavam as crianças na pracinha relatavam que o primo menor batia no filho.

Como mãe, mesmo não gostando da situação, nenhum pai se sente confortável com isso, de forma segura, colocava o filho no colo e questionava "Ele te bateu? Como você se sentiu? Como foi?" – é importante valorizar o sentimento e a percepção do seu filho da situação e não apenas por meio do relato de outros - a resposta era sempre a mesma "Sim, mas ele é pequeninho mãe, ele não entende. Eu não gosto, mas está tudo bem."

Ninguém gosta de apanhar e enquanto o filho estava no limite dele, como mãe só o acolhia e o instrumentalizava para enfrentar a situação. A afirmação final era sempre seguida de um conselho: "Converse com ele e diga que você não gosta e não aceita." A resposta era um silêncio, seguido de um abraço de urso e um beijo da mãe.

Um dia, o filho cansou e de forma espontânea e natural, reagiu verbalmente depois lançou um olhar incisivo carregado de "basta, cansei". No tempo deles, os primos passaram a respeitar os limites um do outro.

PARADA OBRIGATÓRIA: Respeite o momento do seu filho. Acredite nele.

Ressalva para situações que coloquem seu filho em risco e requerem medidas mais assertivas e urgentes, sempre se certifique o grau e o risco que a criança enfrenta.

"SEJA TÃO EDUCADO COM SEUS FILHOS, QUE SE ALGUÉM FOR RUDE COM ELES, ELES NÃO PENSEM QUE ISSO É NORMAL".

Remi Makajdula

CHECK POINT: durante a visita, pergunte como são resolvidos os conflitos e como os pais são comunicados.

Qualquer que seja a situação a ser resolvida, a escola, com certeza, tem profissionais qualificados para intervir nessas situações com estratégias e até mesmo sanções que são descritas em regimento escolar.

O regimento escolar é um documento legal, indispensável

que contém os atos regulatórios da instituição, que norteiam as ações do colégio para atuar de acordo com a legislação. Por isso é tão importante saber se uma instituição é reconhecida e credenciada mediante os órgãos legais.

Já nos deparamos com alunos que enfrentaram problemas por estudarem em escolas não credenciadas e ao pedirem transferência ou documentação, inclusive para ingresso em universidades, não obtiveram, é como se nunca tivessem estudado legalmente, porque estavam em uma escola sem autorização de funcionamento.

Uma instituição não legalizada, pratica uma fraude e não permeia um caminho de quem trabalha por uma educação respeitosa.

Aprenda a observar mais. Os pequenos e cotidianos conflitos geralmente são resolvidos no momento em que acontecem e muitas vezes não precisam ser comunicados aos pais. Não trave um campo de batalha diária, se tiver dúvidas pergunte ou leve a situação à orientação, entre adultos.

CHECK POINT: ao visitar uma escola, certifique-se que ela é reconhecida e credenciada.

PARADA OBRIGATÓRIA: O espaço escolar deve promover boas relações com a comunidade e contemplar a boa comunicação.

Ter uma boa comunicação com a família faz toda diferença no engajamento com a escola.

CHECK POINT: ao visitar, descubra como e quais os canais de comunicação são utilizados, como é estabelecida essa comunicação família/escola.

Ponto importante, porque a escola é parceira das famílias e

esse momento de decisão envolve aspectos que os pais necessitam refletir, é preciso individualizar. A escola pode ser excelente para muitos alunos, o método adotado pode resultar em saltos quantitativos e qualitativos para muitos, mas certifique se ela atenderá as particularidades do seu filho.

Verifique se as vias de acesso e comunicação atendem às suas expectativas. Em algumas escolas o acesso dos pais aos professores é mais restrito. Os canais são apenas por meio de e-mails ou aplicativos.

Os canais de comunicação devem ser abertos e os pais devem utilizar as vias corretas de acesso.

PARADA OBRIGATÓRIA: ESCUTE e OBSERVE seu filho!

É importante que seu filho participe do processo de escolha. Leve-o, em outro momento, depois que já estiver praticamente decidido entre duas ou três escolas para conhecê-las. A decisão final será sua, mas dependendo da idade, ele irá lhe mostrar qual lhe agrada mais.

Escutar e observar nossos filhos é a mais importante ação nossa como pai e mãe.

ESCUTE QUANDO UMA CRIANÇA TEM MEDO DE ALGUÉM.

ESCUTE QUANDO UMA CRIANÇA NÃO GOSTA DE ESTAR PERTO DE ALGUÉM.

ESCUTE QUANDO UMA CRIANÇA FALA EU NÃO QUERO.

ESCUTE QUANDO UMA CRIANÇA ESTÁ ASSUSTADA.

ESCUTE QUANDO UMA CRIANÇA NÃO VAI COM UMA DETERMINADA PESSOA.

ESTIMULE A CRIANÇA A SEMPRE FALAR O QUE ESTÁ SENTINDO.

ESCUTE-A.

NÃO PEÇA PARA A CRIANÇA ABRAÇAR OU BEIJAR ALGUÉM QUE ELA NÃO QUER.

NÃO É COISA DE CRIANÇA. NUNCA É BESTEIRA PORQUE É O QUE ELA ESTÁ SENTINDO."

Autor desconhecido[7].

É importante ouvir e observar, não em momentos rotineiros e situações atípicas, mas em situações constantes. Não é porque em um dia ou momento a criança teve uma atitude assim, de forma aleatória, mas se for algo perceptível, investigue e dê atenção.

CHECK POINT: Na conversa com a orientadora educacional ou coordenadora pedagógica, seja franco e aberto em todos os aspectos que envolvem seu filho.

Alguns pais evitam partilhar questões importantes sobre a saúde física, emocional e cognitiva dos filhos ou até mesmo históricos familiares que interferem diretamente no desenvolvimento da criança. Essa atitude vem muitas vezes carregada de insegurança e medo do filho não ser aceito.

Não esconda nada, a relação aberta é o mais importante. Uma conversa franca dará a você a oportunidade de perceber se a escola está preparada e disposta a atender as demandas da criança. Não informar com transparência pode ser excessivamente desgastante se a escola não estiver preparada para atender as exigências necessárias.

Hoje saúde e educação andam lado a lado. Equipes multidisciplinares, em conjunto com a escola e com a família, trabalham e têm excelentes resultados para o desenvolvimento integral da

---

7 ESCUTE MAIS, Autor desconhecido, disponível em: https://radiowebregiaooestesantamariars.com/noticia/942479/escute-mais-quando-uma-crianca-tem-medo-de-alguem, Acesso em: 31 ago. 2021.

criança. Entretanto, cada escola tem uma diretriz em suas ações e essas podem não ser as melhores para atender seu filho.

Os incentivos dos pais para os filhos vencerem barreiras respeitando o seu próprio ritmo, faz com que as crianças se sintam respeitadas e estimuladas. Evite desgastes e frustrações futuras. Amar e aceitar seu filho é o primeiro passo para ele alçar grandes voos.

As experiências da criança contribuem para desenvolver a autonomia e a independência na realização de pequenas atividades em casa ou na escola por exemplo: guardar brinquedos, roupas e sapatos e ajudar a organizar a mesa.

A escola tem que ser uma vidraça, a família precisa ser transparente e ambas não podem utilizar vidros foscos.

PARADA OBRIGATÓRIA: Na arquibancada, o lugar permanente pertence aos pais!

O lugar da arquibancada lhe oferece uma visão privilegiada, não é você quem está em campo. Permita ao seu filho fazer as jogadas, tomar as decisões e contar com seu apoio e amor incondicional.

Os pais são os torcedores mais fanáticos dos filhos, desejam que eles tenham uma vida próspera, feliz e bem-sucedida. Convivência familiar é a arte de aprender amar, respeitar e gerenciar conflitos. Esse elo promove a percepção do outro, ao mesmo tempo que permite aos pais, conhecer o filho de uma forma expressiva, para assim definirem a melhor escola, onde ele passará os melhores anos de sua vida.

O percurso escolar é longo e devemos lembrar de enxergar os filhos como são, suas especificidades e particularidades dentro daquele contexto escolar. Esse será sempre o apito inicial, a premissa básica.

O indicador da escolha familiar assertiva, será estampado no rosto de seu filho em uma alegria enorme de estudar naquele colégio, de se sentir valorizado e amado por todos.

CAPÍTULO 5

EU ACEITO MEU FILHO?

Os seres humanos estão em constante evolução. A família e a escola são as instituições que mais precisam incentivar os pequenos quanto ao autoconhecimento e a autonomia.

Aprender a ver o lado positivo de cada pessoa, aquilo que o cerca ou que acontece na vida em momentos distintos é uma habilidade que se deve pôr em prática diariamente na vida. É uma mudança de olhar.

Quantas vezes as atitudes de pais ou de professores é desmedida ou enérgica porque a criança teve uma ação ou fala opositora a um valor importante para eles? É preciso estar vigilante diante das falas e das atitudes diárias para ser empático, entender a ação da criança ou do adolescente e ter uma reação sensata e assertiva.

Cabe ao adulto significativo refletir e pensar antes de agir, pois se o enfoque é a educação, a reação deve ser em sintonia com a visão adotada por você para promover uma instrução positiva.

Se há alguém que você ama e quer um bem maior no mundo, com certeza são eles, os maiores tesouros, os filhos! O fato de amá-los, mas não compreender como eles são, que realmente precisam, é insuficiente e às vezes prejudicial. Hoje, vivemos em mundo de fácil acesso à informação e há inúmeros estudos que fornecem embasamento para nortear e auxiliar na missão de educar.

Na escola em que seus filhos irão estudar tem profissionais capacitados e preparados para exercerem a função que ocupam, por isso, se informe quanto à equipe que irá acompanhar você nessa parceria.

Estabeleça uma relação de confiança. Em alguns momentos da vida escolar do seu filho, esses profissionais irão partilhar circunstâncias relacionadas ao desenvolvimento cognitivo, emocional e comportamental da criança ou do jovem. Quando pais e educadores buscam, com a mente aberta, compreenderem e enfrentarem os desafios juntos, se ambos estiverem dispostos a focar na mensagem e nas inúmeras possibilidades de transformarem uma situação, quem ganha é a criança ou o jovem.

O combustível que nutre uma relação de amor deve ser renovado com palavras de incentivos, otimismo e confiança. Buscar novos conhecimentos de como lidar com a ocorrência e qual a melhor maneira de neutralizar comportamentos indesejados é sempre valioso.

Grupos de pais das escolas em mídias sociais favorecem e oferecem trocas e apoio mútuo. Entretanto, merecem uma ressalva e alerta, pois, em alguns casos, por falta de maturidade e preparo de alguns adultos, podem gerar distorções. Situações que envolvem única e exclusivamente as fragilidades e particulares da criança ou do jovem, não devem ser partilhadas.

Diversas vezes nos deparamos com pais que colocam datas e atividades lembrando aos demais responsáveis que um prazo para realização está próximo. Atitude de um pai colaborador. Todavia, tem pai que deixa de auxiliar os filhos nos estudos ou no cumprimento de alguma atividade, infelizmente não se prepara com antecedência e quer, por meio do grupo, envolver todos em sua falha e fomenta a angústia e um estresse desnecessário.

Mídias sociais devem passar sempre pela peneira e é preciso saber usá-las. Hoje o mundo enfrenta um problema crítico em relação a alguns comportamentos diante de mídias sociais, surge em âmbito mundial um abismo entre crítica justificada e destilaria de veneno e o ódio profundo. Quando se deparar com uma "atitude", "piada" ou "comentário duvidoso", não interaja. Preserve-se e dê exemplo para seu filho.

O que se percebe hoje é que alguns adultos conversam sobre qualquer assunto na frente dos filhos e, muitas vezes, acabam expondo os pais dos colegas e o próprio amigo na frente das crianças.

A luz de um profissional vem a contribuir e sanar questões de aprendizagem. Existem crianças que são avaliadas e assistidas por uma equipe multidisciplinar composta por profissionais da área da saúde e da educação como psicólogo, psicopedagogo, fonoaudiólogo, neurologista, otorrinolaringologista e outros especialistas.

Diagnósticos em tempo hábil apontam estratégias eficazes, antes que questões simples se agravem.

Dentro do âmbito escolar, a família e a criança são acolhidas e a inclusão ocorre respeitando-a e adequando os conteúdos programáticos para melhor atender o estudante.

Mediante os relatórios médicos ou clínicos, a equipe técnica, coordenação, orientação e professores elaboram o Plano Educacional Individualizado - PEI. Com o conhecimento e o apoio dos familiares a criança contará com o trabalho paralelo da equipe multidisciplinar em conjunto com a equipe de professores.

As definições podem ser desde o tempo maior na realização das avaliações e atividades, ledores, estratégias específicas em sala de aula, conteúdos adaptados, comandos diretos e simples na elaboração das questões, enunciados destacados, tipos de fontes, entre outras ações que atendem diretamente ao que a criança precisa para se desenvolver na sua individualidade.

Algumas escolas têm o material didático disponibilizado em plataforma digital para melhor atender às necessidades do aluno, sendo inclusive permitido que ele trabalhe com instrumentos e ferramentas tecnológicas na sala de aula e em casa.

As avaliações de alunos com necessidades educativas especiais ou momentâneas podem variar de escola para escola. O processo avaliativo pode ser revisto e adaptado por meio de instrumentos e atividades dissertativas e contextualizadas, formativas, objetivas, orais, conceituais ou quantitativas por diversos meios e recursos.

A família precisa ter em mente que mesmo com o apoio e o acompanhamento de equipes multidisciplinares é necessária uma rotina de estudos e de realização de atividades. Apoiar-se em laudos para eximir responsabilidade é não oferecer ao filho um desenvolvimento pleno.

CHECK POINT: Certifique-se de que aquela escola está pronta para atender a demanda do seu filho.

É preciso poder contar com a escola parceira e com professores que exercem um papel importante nessa trajetória educacional.

Os filhos crescem, as fases de desenvolvimento que eles se encontram oportuniza aprender muito com eles. A convivência permite conhecê-los e aceitá-los fortalecendo o elo de afeição, valoração e pertença.

O diálogo favorece o estar próximo, mas acima de tudo, você, pai ou mãe, precisa aprender a ouvi-los. A escuta de pai e mãe tem um valor imensurável e, com o passar do tempo, respeitamos até mesmo o silêncio dos filhos em alguns momentos.

As diferenças entre os filhos existem, fato este que devemos estar atentos para que não haja comparações por parte dos envolvidos; pais, familiares e educadores.

Enxergar a criança em sua totalidade é promover oportunidades para que ela possa vivenciar experiências, buscar soluções, trabalhar sua identidade e acreditar em si mesma.

Veja sempre seu filho como ser humano. Todos devem e podem se expressar, ter uma opinião. Num mundo em evolução, em que as mulheres buscam espaço, é importante permitir que os filhos, tanto as meninas quantos os meninos, saibam dizer sim ou não porque desejam, por vontade própria.

Uma educação para a vida, permite a criança exercer e interagir por algo que acredita. Na ânsia de ter um filho "educado" aos olhos dos outros, pais são rígidos e exigem a perfeição dos filhos.

Não é preciso agradar a todos, inclusive pai ou mãe. Respeitar sim, fazer só a vontade dos outros não.

Como nos alertou Maria Montessori[8], da importância de criar crianças confiantes, independentes, de espírito livre e criativas, assim elas se tornarão adultos com essas características.

"Quando os pais cobram o que cobram, na maioria das vezes, é porque não sabem que poderiam cobrar uma coisa diferente!"

Isa Minatel

Cada pessoa possui um conjunto de características físicas, condutas, preferências, habilidades e devemos compreendê-las, para respeitá-las. Muitas vezes as atitudes das crianças tendem a deixar os pais incomodados e sem perceber, ao corrigirem, acabam por reforçar um indesejado comportamento, como birra, choros, respostas ríspidas e agressões.

PARADA OBRIGÁTORIA: Elogie o esforço, a dedicação, a organização, a atitude e valorize as conquistas.

A criança cresce na proporção em que recebe elogios sinceros e afetuosos.

Valorize o esforço e o empenho na realização do que seu filho se propõe a fazer. Usar apenas de afirmações como: "você é um artista nato" ou "você é inteligente", podem engessar e não incentivá-lo a vencer obstáculos futuros.

"Se as pessoas soubessem quanto trabalhei para atingir a maestria, não pareceria tão maravilhoso!"
Michelangelo

8 MONTESSORI, Maria (1870 - 1953), primeira mulher a se formar médica na Itália, fundadora do método Montessori.

Enaltecer o que se observa de positivo contribui para a reforçar a autoestima. O elogio também merece ser colocado em uma balança para que a criança não se torne sempre dependente de um reforço positivo para mover suas atitudes.

O elogio constante para tudo que a criança realiza pode, também, fazer com que ela se acomode. Deixe-a, em alguns momentos, fazer uma avaliação crítica antes de receber um feedback seu.

O elogio do pai a cada desafio pode acostumar o pequeno aprendiz a fazer apenas no limite. Desafie-o em determinadas situações a pensar e ser crítico. Indague sobre seu feito e reflita antes que o elogio se encaixaria entre "bom, muito bom, excelente e pode ficar melhor" cabe naquela determinada situação.

CHECK POINT: Ame seu filho e aceite-o como ele é!

Colocar uma venda nos olhos não contribui para a mudança e crescimento. Quantas vezes pais, diante de uma situação de aprendizagem ou comportamental relatada pela escola, têm atitudes de negação que acarretam prejuízos, inclusive, acadêmicos. Assim, como escolas que não se abrem para as percepções e informações que os pais apresentam.

Não existe educação de mão única.

O primordial nesse assentimento, é fazer, se necessário, uma avaliação médica ou clínica, junto com intervenções e sugestões desses profissionais competentes. Um trabalho em conjunto para viabilizar a promoção do estudante, observar pequenas mudanças no ambiente familiar ou escolar, com ações estratégicas que contribuam e transformem em ciclos virtuosos de crescimento pessoal e cognitivo.

Pequenas alternativas que alterem os ciclos viciosos existentes na vida de um filho ou de aluno podem modificar todo um quadro. A escola precisa estar preparada para oferecer essas estratégias e os pais, junto com a instituição, em colocá-las em prática.

Preparar os filhos ou alunos para a vida, para o mundo, requer dedicação e trabalho. Quando essa tarefa se baseia em premissas que você acredita, dispense todos os esforços com a certeza de que valerão a pena.

Você tem uma vida, um ser em transformação que necessita do seu cuidado e do seu amor!

O elogio ou a crítica serve como suporte emocional, como aporte para que a criança ou jovem enfrente com coragem desafios e obstáculos. Ele precisa se conscientizar de que haverá derrotas, mas também vitórias.

Encoraje seu filho a se dedicar e se esforçar, sempre respeitando o tempo dele.

CHECK POINT: O tempo da criança pode ser um tempo diferente daquele que o pai almeja, por isso tenha, como adulto significativo, um olhar cuidadoso e respeitoso.

Não existe um jeito único de se realizar determinada atividade, dê a criança ou ao jovem a oportunidade de pensar, criar e buscar uma solução. Ensine-o a pescar, não lhe dê o peixe já pescado.

As crianças e os jovens são curiosos, corajosos e criativos! A atitude e a fala como pai, mãe ou professor proporcionará o suporte emocional que alavancará o desenvolvimento pleno.

Ofereça os materiais adequados, locais seguros e permita que eles busquem soluções. A medida do açúcar faz o doce perfeito. Cozinheiros experientes afirmam que se a receita do doce não for feita à risca, o resultado não será bom. Assim somos nós, nos apontamentos, no elogio e no incentivo.

Descubra quem é o mais preparado para realizar determinada tarefa, se o pai, a mãe ou outro adulto significativo que faça parte da rede de apoio da criança. Um exemplo é o adulto que irá acompanhar a adaptação escolar de crianças em turmas de creche ou maternal.

Quem deve fazer a adaptação é o adulto que se sente mais seguro e preparado para tarefa. Diversas vezes pais ou mães relatam que o filho chora, e eles choram juntos. Já presenciamos pais que se frustram porque o filho fica bem e não chora. São tantas variáveis em um processo escolar, que é sempre importante verificar quem está mais seguro para o desempenho dessa função e que a instituição fará uma abordagem adequada.

Adaptar, em qualquer fase da vida, é se acostumar ao novo, ao ambiente e às pessoas que até então eram desconhecidas. Esse processo está ligado à idade, a maturidade, ao temperamento e muitas vezes a momento específico da vida. Têm crianças que precisam se adaptar a uma escola em cenários tão instáveis, como separação dos pais, mudança de casa, cidade ou país, ou até mesmo perdas de entes queridos ou financeiras.

A instituição de ensino deve proporcionar a criança uma adaptação gradual e respeitosa e o grau de confiança demonstrado por você, adulto, será percebido e absorvido por ela.

CHECK POINT: Para adaptação escolar, principalmente de crianças muito pequenas, ao visitar a escola, questione como a instituição conduz esse período e avalie se a conduta se alinha à sua forma de educar.

Quantas vezes pais que acompanham o “dever de casa” não são os mais preparados. Exigem e cobram muito do aprendiz que está em processo, que ele responda com a mesma segurança e raciocínio lógico.

Cada criança demanda um tempo para assimilar e realizar novas aprendizagens. O ritmo pode variar, mas o mais importante é estimulá-la, para que ela seja persistente, insista e jamais desista. Com segurança e sabedoria, cada degrau vencido é motivo de alegria e de estar mais perto do objetivo.

PARADA OBRIGATÓRIA: Na dúvida, pergunte ou peça ao professor que instrua seu filho, pais não são e não precisam ser professores.

Se você precisa ensinar em casa todos os dias, ao invés de acompanhar ou tirar pequenas dúvidas, algo precisa ser revisto. É importante levar a questão para os profissionais do colégio. Entender a metodologia e perceber onde está o ponto a ser trabalhado.

Certa vez, uma família apresentou o relato de que escolheu uma escola excelente para os filhos, moderna estrutura física e reconhecida pela aprovação de estudantes em universidades federais. Entretanto, uma das filhas estava desmotivada e desinteressada, pois se sentia sobrecarregada e não acolhida pelo grupo. Esses motivos levaram os pais a optarem por outro colégio para uma das filhas.

Fizeram a mudança no término da primeira etapa e, antes mesmo de finalizar a segunda fase do ciclo escolar, a mãe relatou que ao indagar, como a filha estava se sentindo na nova escola, ela respondeu: "A minha escola é muito legal. Tenho amigos, minha professora é atenciosa e lá tem o cheiro da casa da minha avó." Apesar de ter um ótimo desempenho cognitivo, emocionalmente a criança precisava de uma referência mais afetiva.

Para os pais foi a confirmação de que tomaram a decisão certa e que selava o sentimento de pertença que a criança ainda não havia conquistado na outra escola. A filha relatou que antes se sentia pressionada por aprender e ter que conquistar ótimas notas, que entre os colegas existiam disputas para ver quem seria o primeiro e que agora ela estudava, se esforçava e conquistava ótimos resultados, sem competições.

A visão da criança interfere diretamente na vida escolar dela, se para alguns pais e crianças essa abordagem atende, escolha essa escola. Mas fique atento se esses são valores para você e não para o seu filho.

O contrário também existe. Uma vez atendemos uma família em que o filho apresentava uma dificuldade específica que com intervenção poderia ser sanada e não acarretariam defasagens acadêmicas futuras. A escola oferecia plantão de estudos para alunos que apresentassem dificuldade em determinada disciplina. Porém o pai, ao receber o encaminhamento para o aluno frequentar o plantão, respondeu: "Não precisa, eu sou artista plástico, ele gosta de pintar no meu ateliê junto comigo, ele também será artista."

Pai ou mãe não pode oferecer ao filho uma oportunidade de aprendizagem baseada em opinião pessoal ou no que você define ou almeja para seu filho. Você não pode deixar de oferecer ao filho instrumentos para ele fazer suas opções futuras. Você não tem o direito, enquanto adulto e responsável legal e afetivo, de definir o futuro do filho ao negligenciar oportunidades de desenvolvimento individual.

O progresso é mais importante que a perfeição. Valorize cada pequena conquista! Em âmbito escolar, sempre compare seu filho com ele mesmo, única e exclusivamente com ele mesmo.

PARADA OBRIGATÓRIA: O crescimento e o desenvolvimento devem ser a partir das próprias conquistas, não dos outros.

Ainda é preciso quebrar esse paradigma tão intenso entre adultos que impacta diretamente nos filhos: uma nota. Existem tantas formas de se perceber uma evolução. O elogio e reconhecimento não podem estar atrelado apenas a "nota", e não pode ser uma obrigação o resultado 10. O elogio é para o aprendizado, para o esforço e para o desenvolvimento.

Ensine e aprimore, tanto em você como no seu filho, a valorização de competências e habilidades adquiridas.

A escola não modifica, muitas vezes, os critérios avaliativos porque os pais não estão preparados para as mudanças. O quantitativo ainda tem um peso maior.

A transformação tem que começar por você, pai ou mãe, a ter uma visão para a importância do processo qualitativo. As modificações acontecerão regadas de conquistas e aprendizados para a vida.

Perceba que em mentes fechadas, quadradas, novas ideias não circulam.

CAPÍTULO 6

CULPA OU DESCULPA?

O sentimento de culpa gera um desconforto emocional imenso, traz incertezas, questionamentos e um peso que prejudica o desfrutar do momento presente. Para que se possa diluir o peso desse, busca-se desculpas.

A culpa se transforma em um fardo gigantesco, que sem perceber, você carrega nas costas. A busca por conhecimentos que você já se propõe a fazer é um dos grandes aliados para se tornar um melhor pai ou uma melhor mãe — em uma nova versão, atualizada e preparada.

Quantas vezes no papel de filho os questionamentos vinham em mente e você se deparou com um pensamento "quando me tornar pai ou mãe, agirei de outra forma.". Essa afirmativa tão segura enquanto se via apenas na posição de filho hoje, ao observar como alguns educam os filhos, é comum se deparar com a repetição e atuar da mesma forma com a sua descendência.

Pense que a maioria dos pais tentaram e fizeram o melhor que podiam, mas os tempos eram outros. Não deixe a essência se perder em críticas, cobranças e descaso. Os julgamentos que fazemos diariamente nos levam, muitas vezes, a perder o núcleo de uma atitude. Para que e por que julgar?

Este não deve ser o papel de destaque, saiba relevar as falhas, os erros passados e enxergar sob um novo prisma. Se sua história de vida deixou marcas, agora é a sua vez de superar e seguir em frente.

Aja com discernimento e conheça práticas educacionais que conduzem à disciplina positiva.

Crianças, ao perceberem que o adulto se sente inseguro ou quer compensar as ações advindas de um sentimento de culpa, podem exigir ou se beneficiar nesse contexto. Não que ajam de forma consciente, é instintivo do ser humano se defender daquilo que mais lhe convém. Crianças são simples e têm sentimentos claros, elas não irão ter ações pensadas, mas se diante da situação ela alcança algo que almeja, ela vai fazer e sem culpa.

Vamos a exemplos no âmbito escolar. Existe uma tarefa de casa a ser realizada e entregue, se realmente houve algo inesperado e não foi possível realizá-la, envie um comunicado, explique a não entrega e programe-se para que seu filho possa fazê-la. Porém, em uma rotina pré-definida, se a responsabilidade era da criança que tinha todas as condições necessárias para fazer como espaço adequado, material disponível e conhecimento prévio, mesmo que o adulto tenha um dia com muitos desafios no trabalho ou uma grande demanda e não possa acompanhar a tarefa que deveria ter sido realizada, deixe que o aluno receba uma notificação. A notificação nessa situação não é para você como pai, é para seu filho, como aluno.

O aluno, ou seja, o seu filho, precisa assumir responsabilidades, não aumente a sua carga de culpa por não poder acompanhar a tarefa.

PARADA OBRIGATÓRIA: Não faça por ele, não assuma a responsabilidade que é do seu filho para compensar uma culpa. Não arrume sempre desculpas.

Inclusive para outras atitudes em relação à escola que podem trazer desconforto e prejuízos ao seu filho como cumprir horário, uso do uniforme ou regras da escola. Não procure sempre desculpas para algo que você, como o adulto responsável, precisa se organizar.

Leia diariamente os comunicados que são enviados pela instituição. Esteja a par de tudo que seu filho necessita para desempenhar suas atividades em tempo hábil.

PARADA OBRIGATÓRIA: é preciso estabelecer rotinas e organizar a casa, para que cada um possa exercer suas responsabilidades.

Quando o adulto responsável organiza a rotina familiar e estabelece, em conjunto, as regras, cada um assume e faz a sua parte. Não há culpa ou desculpa. A dica é fazer isso em família, respeitando as particularidades.

Deixe que seu filho faça as escolhas dentro das opções dadas por você e monte, com ele, um quadro com a rotina. Ficará mais fácil de supervisionar. É papel dos pais acompanhar e apoiar. Se necessário, refaça o quadro com adequações em horários e atividades.

Quando você oferece a opção de escolha da rotina para seu filho participar e esta não funciona, ao refazer com ele, você o leva a perceber por que não está dando certo. Ele se sente integrante e responsável em assumir compromissos. Sem imposições e cobranças, a cumplicidade em agir com responsabilidade não fica comprometida.

Tem pais que querem participar ativamente da vida escolar dos filhos, mas se tornam protagonistas e os filhos coadjuvantes. Quantas vezes em atividades lúdicas ou pesquisas a serem realizadas em casa, que precisam da participação dos pais, a escola se depara com situações que não agregam? Pais que decidem e fazem tudo, inclusive algumas vezes com a letra grafada na atividade pelo próprio pai.

Na vontade de ajudar, adultos não permitem a criança contribuir com sua opinião ou colocar a mão na massa para fazer a atividade. A "perfeita" tarefa não permitiu a aprendizagem e o momento de interação em família. Essa é uma situação que gera comparações dos pais que checam os trabalhos baseados nessa premissa. A disputa passa a ser dos progenitores. Diante desse quadro de comparação, surgem os que se sentem culpados. Questione-se diante de situações como essas. Transforme essas oportunidades em verdadeiros momentos de agregar valores no relacionamento pais e filhos.

Tenha um novo foco, como pai esteja na busca e na construção de aprendizados e valores para enriquecer a vida escolar dos filhos.

Pare e pense! Quantas e quantas vezes tentamos ser pessoas melhores, pais amáveis, profissionais éticos e competentes, mas algo no percurso nos impossibilitou ou ainda impossibilita e tomamos atitudes contrárias e às vezes erradas? Ter esse sentimento de culpa enraizado em seu coração, não trará a solução, portanto, não se martirize e nem transfira essa parcela para terceiros. Somos condescendentes ou muito exigentes conosco, reflita se você e aquela ação estão em equilíbrio.

Na trilha escolar convivemos com mães e pais que renunciaram a suas carreiras para cuidarem exclusivamente da educação dos filhos conscientes dessa abnegação em relação a carreira profissional e dos cuidados que envolvem uma grande dose de amor e de doação.

De um lado, a dedicação desses familiares que vivem exclusivamente para as demandas da casa e das crianças se tornava visível, com resultados expressivos de progresso no desenvolvimento dos filhos. É possível perceber a alegria e o prazer estampados no rosto desses adultos dedicados em tempo integral por acompanhar a infância, essa fase tão especial que demanda realmente muitos cuidados.

Por outro ângulo, também conhecemos pais que tiveram que assumir esse papel, mas somatizaram suas insatisfações de não realizações profissionais. Diante de frustrações pessoais, poder dedicar o tempo para estar com os filhos, acompanhar essa primeira etapa tão rica de aprendizados e descobertas que é a infância, surge a culpa ou transferência que os impedem de enxergar esse momento privilegiado. O que resulta é uma disponibilidade aos filhos sem qualidade, angustiante e penosa.

Também nos deparamos tanto com mães e pais que conseguiram conciliar uma vida profissional desafiadora e de sucesso com a vida dos filhos e outro grupo de adultos que se corroem por não terem tempo suficiente para dedicar às crianças por demandas profissionais.

PARADA OBRIGATÓRIA: Seja o melhor que puder na decisão que optou por ser ou foi imposta, naquele momento, para você.

Conhecemos uma mãe que tinha como exemplo e admiração a própria mãe. Sempre que alguém demonstrava uma pitada de sentimento de culpa, ela relatava: "Minha mãe foi uma mulher guerreira, que trabalhava os três turnos manhã, tarde e noite. Entretanto, o tempo dedicado a mim era recheado de alegria, de um olhar cúmplice e de bom-senso. Hoje, essa sou eu para os meus filhos." O que essa mãe sempre demonstrava com seu relato pessoal e por meio das suas ações diárias é que o tempo que ela dispunha e dedicava à família, era sempre com o coração conectado às necessidades de cada um.

PARADA OBRIGATÓRIA: Administrar o tempo é a melhor maneira de jamais deixar espaço para faltar amor, carinho e qualidade da atenção.

Na verdade, o tempo que você disponibiliza para você mesmo, para os filhos e para os entes queridos, pode até variar entre pouco ou muito, mas o que se deve perceber é como o utiliza, essa é a diferença e à medida que traz grandes benefícios na vida de todos nós.

Podemos nos enquadrar nas duas situações. Quando as filhas nasceram, uma de nós parou de trabalhar para se dedicar à família e depois retomou a carreira. Ambas vivemos a experiência de uma vida de muitas horas de trabalho diário e uma família para administrar. Podemos afirmar que é possível, com planejamento e organização.

Uma forma encontrada por uma mãe para acompanhar o dever de casa dos filhos pequenos diante de uma rotina de trabalho e de estudo, pois fazia ao mesmo tempo a segunda graduação nesse período, foi organizada e estabelecida com as crianças.

Ter uma estratégia combinada e constituída, evita se sacrificar o tempo que estaria junto à família em atividades prazerosas, como jantar, assistir a um filme ou ler um livro juntos antes de dormir. As crianças faziam as tarefas de casa antes da mãe retornar do trabalho ou da faculdade.

Como parte da rotina, verificava a mochila com os materiais do dia seguinte, afinal a responsabilidade de arrumar a mochila era das crianças, a agenda era conferida, assinada e se faltasse alguma tarefa, essa era marcada para ser realizada. Também averiguava os deveres e, com um lápis grafite, bem de leve, fazia uma setinha nas linhas que tinham erros ortográficos ou alguma questão a ser refeita. Escrevia em postites as sugestões do que era preciso reler, respostas a serem revistas e as palavras a serem corrigidas.

As crianças, no dia seguinte, corrigiam os erros, apagavam as setinhas e treinavam as palavras nos mesmos postites que eram colados em frente a mesinha de estudo. Nos finais de semana, juntos contavam quantos foram os papeis colados e eram desafiados a ter menos na próxima semana. Os filhos tinham nessa época 7 e 10 anos.

A procrastinação, segundo o dicionário Aurélio, é transferir para outro dia; adiar; delongar; demorar; espaçar; protrair.

A culpa acompanhada por uma desculpa como forma de amenizar o sentimento e justificar-se é postergar uma situação que precisa ser remanejada. Como pai ou educador pare de adiar, protelar e arrumar pretextos.

Os erros indicam rotas para os acertos, as dúvidas remetem

à reflexão e as ações assertivas afirmam a crença de que está no caminho certo. Ter no coração a certeza de que a decisão que tomou naquele momento foi a melhor devido às circunstâncias apresentadas. Viva o hoje, viva leve.

Siga em frente e lembre-se de que antes de ser mãe ou pai, você é filha ou filho e também precisa de colo e de acolhimento.

Olhar para a vida pelo retrovisor é fácil, representa o que já aconteceu, o que já passou. Rever e repensar atitudes do passado com as informações na mão parece simples. Direcione o seu olhar para frente, para o aqui e o agora! Perdoe-se e siga sem rótulos.

CHECK POINT: estabeleça a rotina familiar antes de procurar a escola.

Para que a vida tenha um fluxo, inclusive a vida escolar do seu filho, reforçamos a necessidade, como colocado anteriormente, de se verificar se a escola que você busca atenderá os requisitos para suas demandas e de seus filhos. Pequenos ajustes podem ser feitos, mas não serão possíveis grandes mudanças.

Informe-se sobre horários de entrada e saída, se a escola tem contraturno, caso precise, se tem escolas com atividades esportivas e culturais que podem acoplar ganhos de tempo e de deslocamentos no dia a dia.

A missão de ser pai lhe permite aprender a cada dia com seus filhos e a torna tão gratificante.

A validação dos pais é o passaporte para os filhos terem uma vida engajada, sucedida, autônoma e equilibrada.

CAPÍTULO 7
NA ESCALA DA VIDA, COMO "PROJETO" MEU FILHO?

Pais sempre estabelecem como prioridade proteger os filhos, e essa é uma premissa básica inclusive para sobrevivência física das crianças devido à sua fragilidade. Como seres totalmente dependentes, crianças e jovens são amparados legalmente pelos direitos das crianças e dos adolescentes.

Todos os cuidados fisiológicos básicos geralmente são muito bem programados e executados pelos pais ou pela rede de apoio. Entretanto, as dificuldades maiores em relação aos cuidados com os menores surgem quando submergem níveis mais subjetivos e muitas vezes está na abordagem dedicada a cada um dos itens mais abstratos, entre eles a proteção.

Você já ouviu falar da pirâmide de Maslow[9]? A pirâmide faz parte da teoria e do conceito designado pelo psicólogo norte-americano Abraham Maslow que estabelece a existência de uma escala de necessidades do ser humano de acordo com uma determinada hierarquia. Ele procura demonstrar, por meio dessa, que as necessidades fisiológicas estão na base e que os demais pontos que se sucedem são segurança, afetividade, estima e realização pessoal.

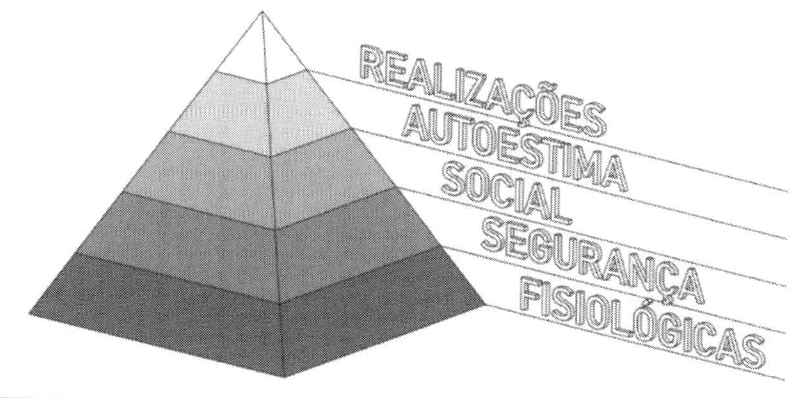

9 MASLOW, Abraham (1908-1970), psicólogo norte-americano, conhecido pela Teoria da Hierarquia das Necessidades Humanas ou a Pirâmide de Maslow.

Segundo a teoria, uma necessidade só é contentada se a anterior for consolidada. Assim, a cada item em que os pais conseguem oferecer de forma efetiva, garante e determina que os filhos cresçam e alcancem a satisfação pessoal e profissional, no caso, como estudantes.

Ao observar a pirâmide, ela destaca exatamente essa hierarquização das necessidades ao longo da vida do ser humano. Nos cinco níveis apresentados, na base estão as necessidades fisiológicas e o nível que se sucede é a segurança. A forma como pais e educadores atuam para garantir a segurança, influenciará diretamente no comportamento social e na estima, escalas subsequentes, até se atingir o topo da pirâmide, a realização pessoal.

A diferença entre o remédio e o veneno é a dosagem. Ou seja, a partir do momento em que se passa do âmbito físico para o emocional e cognitivo, é necessário compreender que as ações como pai ou mãe podem gerar extremos, como uma superproteção e ou a total falta de proteção, gerando um efeito cascata nas crianças que não conseguem se desenvolver plenamente.

O amparo oferecido pelos pais no campo da proteção física que garante a integridade, deve ser máximo, mas as demais ações na esfera da proteção emocional e psicológica devem ser constantemente refletidas e avaliadas antes de tomadas.

Por isso a importância de conhecer e aceitar o temperamento do seu filho ou aluno antes de medir suas ações. Quando as crianças se sentem seguras, são capazes de uma melhor interação social e desenvolvem a autoestima e a empatia.

Pais que subjugam e se omitem na proteção emocional dos filhos, abrem brechas para abismos cognitivos e psicológicos.

No âmbito escolar, ações do cotidiano influenciam na segurança dos filhos. Se a escola exige o uso completo do uniforme e o descumprimento da regra traz alguma sanção, pais são responsáveis por se informarem antes e fazerem cumprir a norma, evitando que os filhos se deparem constantemente com situações de insegurança e constrangimento, ou até mesmo se acostumem a agir fora da norma. Essa premissa vale para itens como cumprir horário e acompanhar as atividades de rotina.

Para construir uma relação de segurança, um dos pontos mais importantes é estabelecer o diálogo e a verdade como ferramentas básicas. Se você diz ao seu filho que estará no horário certo para buscá-lo no colégio, cumpra. Se não for fazê-lo, ligue para o colégio e solicite que comuniquem a ele. Uma criança cresce segura quando os adultos significativos demonstram, por meio de ações e palavras, coerência.

A superproteção é um fator que engessa e muitas vezes transforma a criança emocionalmente insegura, adestrada a agradar e em um determinado momento ela irá se rebelar. Conforme o ditado popular "quando se aperta demais, escorre pelos dedos."

Conforme relata a psicóloga Tânia Zagury[10], pais, mesmo sem intenção, são os que mais contribuem com essas dificuldades. Eles se preocupam desmedidamente com o emocional e temem tomar medidas que aborreçam o filho e o deixem traumatizado. Por isso, acabam, muitas vezes, se tornando superprotetores.

Será que a modernidade ou a falta de tempo dos pais para ficarem um pouco mais com os filhos, os tornam mais permissíveis a ponto de dizer sim quando era necessário dizer não?

Tânia Zagury alerta quanto a dizer sim sempre que possível e não quando necessário. Mas se disser um não, pense antes para ter convicção quanto a necessidade de mantê-lo.

Superproteção não prepara a criança para a vida, pelo contrário, contribui para sua incapacitação mental e criativa na busca de resoluções de problemas.

Proteger sim, corrigir quando necessário, valorizar o ser em

10 ZAGURY Tania, filósofa, escritora, conferencista e professora brasileira do ensino superior

formação para que ele seja capaz de discernir, decidir e agir. A superproteção dos pais, avós, professores e rede de apoio limita a criança, impedindo-a de crescer. Pais superprotetores tendem a sempre justificar para lidar com a realidade, com a frustração ou descontentamento.

PARADA OBRIGATÓRIA: a frustração e o aprendizado em fazer escolhas são parte do processo de amadurecimento.

Os extremos são visíveis em situações escolares, pais que nunca acompanham ou podem ir a reuniões de pais, eventos ou demais atividades da rotina dos filhos, no extremo da subproteção.

Por outro lado, existem os pais que querem resolver toda e qualquer situação, inclusive interferir nas escolhas das amizades, nas brincadeiras e em tudo que envolve o dia a dia do aluno. Praticamente, vivem a vida dos filhos e só não entram na sala de aula porque não podem ser matriculados. São tão superprotetores que interferem não só na vida escolar dos filhos, quanto dos demais colegas.

A criança pequena que está aprendendo a andar de bicicleta precisa de suporte para ter sucesso. Como parte do processo, como pai, leve-a a um local adequado, dê as orientações necessárias ao equilíbrio para pedalar. Envolva-a com os materiais de segurança como capacete, joelheiras ou cotoveleiras. Mesmo assim, seu filho provavelmente irá cair, ralar e perceber os limites até aprender a andar de bicicleta.

Como um bebê aprende a subir e a descer de obstáculos como camas, sofás e escadas? Obstáculos que geram riscos a sua integridade física. Realizar essas ações com o apoio de um adulto fará com que ele desenvolva de forma segura essas habilidades. Se o adulto sempre colocar esses locais como proibidos ou mostrar-se muito apreensivo diante deles, no dia em que o bebê tiver acesso sozinho, irá fazer escondido e o resultado pode ser pior. O excesso de proteção gera medo e inibe a coragem.

PARADA OBRIGATÓRIA: O incentivo à autonomia e à coragem em vencer obstáculos surge por meio da proteção, da orientação e da segurança advindo dos adultos.

Pensamentos, atitudes e sentimentos dos pais são conectados com os filhos. A energia que pai e mãe emanam sobre a vida deles é algo gigantesco e imensurável, por isso a importância de emitir vibração, energia positiva, equilibradas e harmoniosas.

É necessário protegê-los e prepará-los para a vida, norteando-os por meio de uma educação enraizada em valores, princípios e exemplos de integridade, honestidade e caráter.

À medida que a proteção oferece ao filho reconhecer as próprias capacidades e de ser reconhecido por outras pessoas, ele passa a acreditar em si mesmo e a se orgulhar de si próprio. Passa a sentir admiração e orgulho por outros amigos e pessoas. Compreende, enfim, o que é ter amor-próprio, passa a se respeitar e a respeitar os demais.

Quando pais são capazes de agir no âmbito de uma proteção equilibrada, a criança consegue absorver e utilizar todo seu potencial. Assim, desenvolve sua autopercepção e autocontrole de suas ações, gerando independência e promovendo uma capacidade de fazer escolhas.

CHECK POINT: conhecer o funcionamento da escola é primordial para atuar na medida necessária e garantir a proteção no nível ideal.

Agir na medida certa, é ensinar seu filho a conhecer e compreender o mundo a sua volta, não é colocar em uma redoma para mantê-los libertos de todas as mazelas e intempéries do mundo ou mesmo, deixá-los à deriva.

Quando crianças não têm suas necessidades de segurança satisfeitas, as reações negativas como frustrações, medos, angústias dominam esses pequenos.

O diálogo fortalece e aproxima as relações familiares. A segurança que os pais transmitem aos filhos por meio de um bate-papo, uma explicação detalhada ou exemplos da própria vida, percalços percorridos, batalhas vencidas e superações, revelam que todos crescem.

A história de vida dos pais e dos avós, ao ser apresentada aos filhos, enaltece a pessoa do adulto. Os pequenos aprendem a valorizar as pessoas, a ter atitudes empáticas e a conhecerem o poder de sublimação e superação. As crianças passam a ter admiração e apreço pelos pais, é isso é algo encantador.

Na demanda escolar, diante de situações de insucesso, na tentativa de se proteger, algumas crianças assumem atitudes de sempre arrumar uma desculpa, um porém ou uma forma de repudiar, burlar ou até criar novas regras para resolver uma situação. Conversar sobre a circunstância e aprender a identificar sentimentos e emoções que eclodiram é a melhor configuração para sanar tais questões. Pais e professores que agem dessa forma ensinarão os pequenos a lidarem com os embates da vida com coragem e resiliência.

CHECK POINT: informe-se como e qual a periodicidade que o colégio acompanha e informa a família sobre o desempenho escolar dos filhos.

Uma situação vivenciada por nós foi de uma criança que tinha um aproveitamento escolar muito bom, sem nenhum registro de rendimento inferior ao estabelecido pela instituição. Entretanto, em um determinado momento, apresentou em duas disciplinas notas abaixo da média. A professora relatou o fato para a orientação educacional e a coordenação pedagógica para que buscassem compreender o que havia contribuído para um resultado “insatisfatório”.

O colégio acompanhava o desempenho escolar dos alunos e prezava por um trabalho em parceria com as famílias. Em caso de notas abaixo da média, o procedimento adotado era o de tirar uma cópia, geralmente colorida, ou escanear a avaliação para ser arquivada no portfólio do aluno no serviço de orientação educacional. Em seguida, os pais eram comunicados por meio de agendamento de reunião e as estratégias de ações eram estabelecidas.

No episódio citado, a família, antes do agendamento, ao receber as avaliações para apreciação, apresentou um registro pontuando questões que haviam sido corrigidas pela professora de forma equivocada, pois nas avaliações, a criança havia realizado corretamente. Destacou ainda que a reunião pré-agendada foi providencial para que a nota fosse corrigida.

Durante o atendimento, diante do relatório das questões apresentadas, surgiu a possibilidade da criança ter refeito as questões. Os pais de imediato alegaram que o filho jamais faria isso, que ele dominava o conteúdo e que nunca mentia.

Ao esclarecer para a família como a escola conduzia o processo de acompanhamento do rendimento dos alunos e mostrar a cópia da avaliação arquivada na orientação com o resultado insatisfatório, os pais tiveram a oportunidade de verificar que realmente a criança havia refeito as questões.

Os pais relataram que estavam atravessando momentos delicados com a saúde de familiares e como o filho sempre teve autonomia para os estudos e como o desempenho escolar não os preocupava, perceberam que por excesso de autoconfiança ou por estar emocionalmente abalado também, mesmo sem transparecer, fez com que o aluno não se preparasse para as avaliações.

Diante da situação, os pais conversaram com o filho e deram feedback do caso. Instruíram o pedido de desculpas do estudante que se retratou e relataram que conversaram e corrigiram o filho que assumiu ter adulterado o resultado por não querer decepcioná-los.

Conversa franca e confiança restabelecida entre todos os envolvidos, pais seguros por poderem contar com o apoio e o olhar atento do colégio.

Proteção e segurança de ambos os lados na medida certa. Sejamos pais conscientes e consistentes de amor, acolhimento, amparo, proteção e perdão.

PARADA OBRIGATÓRIA: ao receber avaliações ou índices quantitativos de instrumentos avaliativos, observe, converse com seu filho sobre os resultados obtidos, valorize o sucesso e reflita sobre os pontos a serem melhorados.

Não existe aprendizagem sem erro, sem superação e sem rede apoio.

CAPÍTULO 8

SOU UM PAI PREPARADO PARA A ESCOLA DO MEU FILHO?

O fluxo da vida mudou e hoje a responsabilidade de acompanhar e participar do processo escolar dos filhos exige habilidade e tempo, mesmo para as famílias que optam por uma escola em tempo integral.

Os pais precisam enxergar a escola sob um ângulo que lhes permita saber o que está acontecendo, o que está programado e o que é previsto dentro do calendário escolar.

CHECK POINT: alinhe suas demandas antes de buscar uma escola. Estabeleça o que irá buscar em uma instituição de ensino.

A dinâmica escolar preza um calendário e uma metodologia. Nos anos iniciais geralmente datas comemorativas e atividades lúdicas são contempladas. Podem ser apenas atividades internas ou festividades em que os pais são convidados.

Esses momentos marcantes ficam registrados na memória das crianças, por isso a importância da família vivenciar com entusiasmo e valorizar a participação dos pequenos. Se você não tem disponibilidade, é preciso descobrir antes.

Em algumas escolas os alunos cumprem todas as demandas internamente, outras a família precisa participar intensamente. Entretanto, não existe escola em que pai ou mãe se exime de seu papel como responsável legal e emocional.

Educar é um processo dinâmico que precisa ser sempre ajustado de acordo com as necessidades que surgem.

PARADA OBRIGÁTORIA: você, como pai, precisa se envolver e participar ativamente da vida escolar do seu filho.

Busque sempre ler os comunicados que são enviados para as famílias, via agenda, e-mail ou blog, compreender o objetivo da mensagem e assegurar-se de partilhar com a rede de apoio, inclusive com a criança, que com certeza ajudará a lembrar dos compromissos e afazeres. Afinal, no universo infantil, a criança é prioridade e ela é a maior interessada em participar das atividades, com envolvimento e entusiasmo.

Um ocorrido recente, em era de pandemia, com um casal que estava em home office, mas a filha, que frequentava a Educação Infantil, havia retomado ao ensino presencial.

Assim que a aluna foi deixada na escola, os professores notaram que a criança não estava vestida a caráter para a festa junina. Imediatamente, os pais foram comunicados e que ficassem à vontade para levar o vestido junino. Os pais, aborrecidos por terem esquecido, ficaram agradecidos ao colégio por tê-los informado antes da atividade ocorrer. A mãe, foi ao colégio e levou o vestido e os acessórios. O resultado foi uma criança feliz, ambientada e que dançou junto com a sua turma.

A rápida ação dos envolvidos, escola e família, demonstrou o cuidado e a atenção com a criança para que ela se sentisse incluída. Esse episódio reafirmou aos pais a escolha assertiva, acreditando que a filha era bem assistida em todos os aspectos de seu desenvolvimento. Favoreceu como alerta para a família estar atenta quanto a agenda, comunicados em aplicativo e blog.

Caso os pais não pudessem se deslocar, teriam a oportunidade de se desculparem com a criança por telefone ou chamada de vídeo e deixá-la à vontade para optar por participar ou não da atividade.

Algumas escolas oferecem saídas de campo ou atividades extraclasses em que é exigida a permissão e a autorização por escrito dos responsáveis. Pais muitas vezes se omitem em ler ou responder a tais comunicados ou mesmo apenas não permitem a participação dos filhos e os enviam para a escola no dia do evento, sem o cuidado de explicar ou esclarecer aos filhos os motivos pelos quais ele não participará da atividade.

Preparar os filhos para toda e qualquer decisão é importante e indispensável à família. Essa é uma situação de descaso que gera uma perda emocional. As crianças não são obrigadas a participarem, mas os pais têm o dever de explicar o motivo e prepará-las para enfrentar as frustrações inerentes da vida.

A programação de um colégio contemplava uma apresentação teatral. Uma aluna do quinto ano comunicou a professora que não poderia participar daquela atividade por determinação dos pais.

Explicou que ela havia desobedecido a uma ordem deles e concordou com os pais que não merecia participar da atividade. Acrescentou que o dinheiro que seria destinado a compra do ingresso seria utilizado para a aquisição de material escolar a ser doado para uma criança menos favorecida.

O colégio entrou em contato com os pais que confirmaram a versão relatada pela filha e adicionaram que aquele momento seria um aprendizado de vida para filha.

CHECK POINT: atuar de forma clara e objetiva direciona as ações dos adultos responsáveis e contribui para o fortalecimento de uma relação recíproca de confiabilidade entre escola e família, pais e filhos.

O colégio que preza por uma comunicação transparente, acolhe, escuta e valoriza cada família parceira em suas particularidades, esse pode ser um dos mais importantes valores agregados.

O valor da escuta de uma instituição tem um apelo imensurável. As famílias precisam saber se posicionar, sugerir melhorias e contribuir com sua visão por meio de críticas construtivas. Afinal, os pais são aqueles que têm uma visão macro da escola. Eles e os filhos utilizam e usufruem de vários setores e fazem o acompanhamento escolar em todos os aspectos.

Situação mais inusitada em relação a atividade proposta por uma escola, foi diante um projeto escolar. As crianças deveriam ler o mínimo de um livro por mês e realizar, ao longo do ano, em datas pré-estabelecidas, atividades lúdicas como pinturas de telas, elaboração de bonecos de sucatas, redações, enfeitar dedoches, entre outras ações simples.

O projeto poderia ser um momento de partilha entre pais e filhos durante a leitura dos livros e a execução das atividades ou os pais precisariam apenas oferecer livros e recursos aos filhos para realizarem as sete atividades mensais propostas.

O que se desencadeou dessa atividade foi um pequeno grupo de pais, de uma turma, que formou um grupo de WhatsApp para deliberarem sobre o tema. Eles agendaram um encontro que aconteceu, em um sábado pela manhã, em um café da cidade, para discutirem o tema. Depois promoveram um encontro com a professora, e, em outro dia, uma reunião coletiva com a coordenação e a orientação para que o projeto fosse revisto e os alunos fizessem todas as atividades na escola e nenhuma delas fosse feita em casa, sem necessitar da supervisão dos pais.

Conclusão, os pais dispensaram horas do seu tempo entre conversas de WhatsApp e entre três reuniões e encontros de no mínimo uma hora cada, ao invés de disponibilizarem uma hora por mês para realizar as atividades com o filho.

Os momentos lúdicos, como os sugeridos pelo protejo, proporcionam, além de experiências e habilidades criativas, oportunidade das crianças relatarem sentimentos, refletirem questões e valores abordados nos livros e expressarem situações do cotidiano escolar.

PARADA OBRIGATÓRIA: Qual é sua prioridade? Sou um PAI preparado para a escola do meu filho?

Se a escola preza por uma conduta conteudista, os pais precisam garantir que seu filho irá cumprir com as obrigações impostas, se a escola tiver uma visão mais natural e criativa, os pais precisam se abrir para compreenderem a proposta e participar.

Atualmente, existem famílias que dedicam uma quantidade enorme de tempo para mídias sociais, que não perdem um jogo do campeonato brasileiro de futebol. Que disponibilizam horas de estudo para sua formação profissional e carreira, mas quando são alertadas ou convidadas a participarem de atividades que oferecem formas de se tornarem melhores pais, como palestras e reuniões formativas, se dizem sem tempo: "Eu não tenho tempo para isso."

CHECK POINT: o que move o tempo das pessoas são as prioridades. Se a vida e a educação do seu filho forem importantes para você, o tempo dedicado a ele existirá.

Como nos faz refletir Murilo Gun em sua TEDxRecife com o tema "Pais matam as escolas?", quando pergunta aos presentes: "Quantas horas você já se dedicou ao trabalho mais importante da sua vida que é educar seres humanos? É a sua principal contribuição para a humanidade."

Você é capaz de corresponder ao que a escola do seu filho solicita ou demanda de você como pai?

A escola do seu filho o auxilia a ser um pai melhor?

Segundo a pedagoga Patrícia Lins e Silva em sua participação no TEDxRio com o tema "Escolas do século XXI de prova final", cientistas que estudam e apontam para o futuro garantem que as mudanças tecnológicas que ainda estão por vir serão gigantescas. Portanto, preparar seus filhos com um aporte emocional e criativo é a única forma de prepará-los para enfrentar o futuro.

Para ela, um mundo conectado, com a inteligência artificial naturalmente presente em nossa convivência, um mundo do "avatar" e o avanço da ciência e da medicina em outra dimensão bate à nossa porta. O futuro está quase aqui.

A nossa visão de mundo precisa se adaptar e a escolha da escola deve ser integrada a esses valores.

Escolas e pais precisam se adaptar às mudanças futuras, desconstruir a ideia de monopólio do conhecimento. Se grandes empresas já assumem uma postura aberta às diferenças, por que a escola e os pais se mantêm estáticos em um modelo arcaico?

As escolas só irão se transformar quando os pais estiverem prontos e preparados para as mudanças. Você, enquanto pai, ao visitar uma escola que não tem provas ou livros, confiaria nela?

Repense, antes de continuar sua busca, o que você espera da escola do seu filho e se você está preparado para essa mudança que tanto diz buscar.

Você mede o conhecimento do seu filho pela nota? Pais e escolas precisam se acostumar com a desconstrução dessa crença. É como coloca Alvin Toflller[11] em seus estudos de que o analfabeto do futuro não será o que não escreve e lê, mas o indivíduo que não consegue aprender e desaprender para reaprender.

A tecnologia e a pandemia trouxeram mudanças de paradigmas e essa nova postura requer um esforço gigantesco. Precisa-se, enquanto pai e educador, abandonar a visão de escola clássica que conhecemos, que tanto seu tataravô quanto você e nós frequentamos.

Pais precisam estar preparados para escolas que ofereçam uma abordagem que provoque o pensamento inovador, que trabalhe em contextos, fora das "caixinhas" ou "gavetas do conhecimento", em que as avalições são baseadas em respostas prontas para perguntas específicas.

---

11 TOFFLER, Alvin (1928-2016), escritor e futurista nascido nos Estados Unidos da América.

A escola precisa oferecer ao aluno formas de identificar e solucionar problemas reais. A lista é enorme e pode ser modificada constantemente, como a pandemia que parou o mundo em 2019.

Problemas reais como saúde mental, alimentação em excesso ou falta dela, saneamento básico, água, aquecimento global, energia, ética e moral, são problemas ambientais que existem e persistem.

O que é preciso ser mantido é o básico, as competências e as habilidades lógicos matemáticas, linguagens, alfabetização científica, apropriação cultural como música, artes e leituras, análise histórica e envolvimento emocional por meio de projetos de vida, da empatia e do trabalho em equipe.

Pais precisam acreditar e apoiar para que a escola possa realizar sua principal função, oferecer ao aluno a capacidade que os difere das demais espécies, a capacidade de raciocinar, de pensar e de viver em sociedade.

Os pais precisam ter em mente que a escola só irá mudar quando os alunos puderem analisar, questionar, processar e aplicar no dia a dia e dentro dela o que sabem ou se interessam por aprender. Hoje os alunos, muitas vezes, adquirem conhecimentos muito mais fora dos muros da escola do que dentro delas.

O currículo escolar precisa fortalecer as bases dos conhecimentos para que o aluno tenha aporte para novas e mais aquisições além de mera informação. Não se pode viver na superficialidade em que se lê uma nota de rodapé ou um post na mídia social e já se julgar sabedor de determinado assunto.

Os pais, que não acompanham a velocidade das mudanças e não se propõem a avaliarem o novo, se sentem inseguros em optar por escolas assim.

Entretanto, conhecer o novo não é aderir a tudo que está a sua volta. É importante preservar e filtrar informações que não estão de acordo com a maturidade do seu filho. Tudo no seu tempo. Uma frase que você ouvia da sua tataravó, mas que contém uma sabedoria gigantesca.

Já tentou abrir um botão de rosa a força ou comer uma fruta verde? Pois é, a natureza é sábia, seja você também.

Que o mundo é composto de muitas variáveis, descobrimos desde tenra idade. Mas essa complexidade hoje, em um mundo integrado, em que crianças e adultos convivem em mesmos ambiente, crianças são bombardeadas com informações e estímulos visuais e auditivos, escutam e absorvem conversas e problemas de "gente grande", se faz necessário considerar essa complexidade do mundo atual. Hoje, vivemos a modernidade líquida ou o Mundo VUCA[12].

O conceito de modernidade líquida desenvolvido pelo sociólogo Zygmunt Bauman[13] acerca de uma nova era em que as relações econômicas e sociais são voláteis, frágeis e maleáveis, é utilizado neste mundo em constante mudança. Fica a reflexão: se o mundo se transforma, precisamos mudar junto em alguns aspectos. Se em diversas esferas, como no mundo financeiro, tecnológico ou dos negócios é preciso lidar com um cenário desafiador, por qual motivo na educação seria diferente?

PARADA OBRIGATÓRIA: faça e reflita sobre a pergunta. Se eu sei que o mundo é VUCA ou BANI, quero preparar meu filho para ele, mas na escolha da escola, eu realmente coloco isso como ponto importante?

O termo Mundo BANI[14] citado pelo antropólogo e futurista Jamais Cascio[15] se intensificou em tempos de pandemia. Diante de um cenário controverso, no qual a humanidade precisou ser

12 VUCA, Volatilidade, Incerteza, Complexidade e Ambiguidade, cujas iniciais em inglês (Volatility, Uncertainty, Complexity e Ambiguity) dão nome ao Mundo VUCA.

13 BAUMAN, Zygmunt (1927-2017), sociólogo, pensador, professor e escritor nascido na Polônia.

14 BANI, Mundo, Acrônimo em inglês de Brittle, Anxious, Nonlinear e Incomprehensible, e em português seria FANI, Frágil, Ansioso, Não-linear e Incompreensível.

15 CASCIO, Jamais (1966), antropólogo e futurista profissional que explora a interseção das mudanças ambientais, tecnológicas e culturais, nascido na Califórnia, Estados Unidos da América.

mais dinâmica para caber neste novo modelo de um mundo estático, viveu-se o inexplicável, o complexo e, ao mesmo tempo, o ambíguo e o frágil.

A humanidade que alavanca inúmeros avanços em termos científicos, tecnológicos e na medicina se deparou com um cenário que a fez parar. O que era volatilidade passa a ser frágil, o incerto transita para a ansiedade, a complexidade para a não-linear; e ambiguidade gera a incompreensão.

Preparar meu filho para esse mundo é solidificar sua base emocional e de valores no núcleo familiar.

Faça uma lista do mundo que você quer para seu filho e permita-o ajudá-lo na construção dele. A escola que você decidir por ela, precisa atender a sua lista.

CAPÍTULO 9

O QUE ESPERAR DA ESCOLA DO MEU FILHO?

Um ponto definitivo a ser avaliado e o mais fácil de ser percebido de acordo com a sua expectativa é a estrutura física.

Ao definir as escolas que atendem aos seus critérios pessoais e a sua rede de apoio é hora de fazer visitas para observar o espaço.

CHECK POINT: Localização do colégio.

A localização do colégio pode ser fator determinante na sua escolha. O melhor seria encontrar uma instituição que tenha uma concepção de acordo com as suas expectativas e a localização com facilidade de acesso, como ser perto da sua residência, no caminho para o trabalho ou que tenha fluxo contrário de trânsito e, até mesmo, se existe a comodidade de transporte escolar de confiança que caiba no seu bolso e atenda aquela determinada escola e a sua região.

Analise e coloque em uma escala se o tempo de deslocamento, os meios de transportes viáveis e a distância são itens que podem definir a futura escola. Esses fatores podem ser excludentes e já limitarem os colégios que você terá como opções.

Devido aos pontos acima, observe, ao chegar na portaria, se a entrada e a saída oferecem segurança e organização. Em algumas cidades, as escolas ficam em vias de acesso movimentadas, mas esse não é motivo para descartá-las, porque existem soluções e projetos bem elaborados para garantir a entrada e a saída com fluidez.

Ao entrar no colégio, observe como é a recepção e a movimentação de pessoas. Algumas instituições têm acesso bem restrito e outras oportunizam uma maior interação das famílias no espaço escolar.

Alguns pontos são únicos na composição da estrutura escolar; pátio, salas de aula, local adequado para alimentação e banheiros. Outros espaços podem variar de acordo com a proposta pedagógica, tamanho e pelo que é oferecido pela instituição.

CHECK POINT: solicite o atendido pela equipe pedagógica antes de conhecer a estrutura física.

Ter as informações sobre a metodologia e a proposta pedagógica irá ajudá-lo a perceber se as atividades e projetos ofertados conversam com espaços físicos adequados.

Escola que valoriza tecnologia precisa de arranjos físicos ou indicadores de como são utilizados. Se a proposta demonstra um elo entre educação e meio ambiente, observe se a estrutura física oferece espaço e contato com a natureza e quais atividades são realizadas nesses locais.

Um colégio que prima por atividades diversas; esportivas, culturais e contextualizadas, observe onde são ofertadas essas modalidades. É importante indagar quando e como são utilizados os espaços.

Escolas tendem, atualmente, a oferecer uma pluralidade de atividades tanto na grade curricular, que é a organização das disciplinas e da carga horária que fazem parte do currículo comum oferecido por elas, quanto atividades extraclasses que são pagas a parte em contraturnos ou horários estendidos.

Programas extraclasses, sob os cuidados de uma instituição que agrega confiança e segurança, muitas vezes adicionam aos pais o benefício de tempo e de deslocamento ao proporcionarem, em um mesmo ambiente, atividades como teatro, projetos bilíngues, esportes, artes, dança, música, ballet e acompanhamento pedagógico para realização de tarefas de casa.

O fato de ter sido bem definido a escala de valores da família, será essencial ao visitar a escola.

Uma mãe relatou que o fator que a fez optar por uma escola para o filho no maternal, foi visitar um colégio que lhe transmitiu cuidado e organização do espaço. Ela percebia e afirmava que seu filho era muito ativo, arisco e destemido. Para essa mãe, o fator segurança foi definitivo na tomada de decisão.

Era um espaço que dava a ela o suporte imprescindível diante da sua realidade e das características do filho.

Para outra mãe, que buscava uma escola de Ensino Médio para o filho, ao visitar um colégio, se deparou com um prédio de quatro andares em que as salas de aula para alunos na faixa etária do filho ocupavam o quarto andar. Ao ver que todas as salas davam para um corredor que tinha um parapeito para um pátio interno, a mãe, que era extremamente ansiosa e preocupada, só conseguia se ver diante de cenários catastróficos por acreditar que em uma brincadeira ou desafio comum aos jovens, seu filho estaria em risco.

Os casos citados são extremos em relação a situações que, como no episódio do jovem, nunca ocorreram e provavelmente, não acontecerão, mas que elucidam que o espaço físico precisa estar ao encontro com um local que transmita a você, pai ou mãe, segurança e bem-estar.

Pais de alunos que apresentam cuidados médicos especiais, devem se atentar para a existência de uma enfermaria ou se informar de como a escola acompanha esses educandos.

Torna-se imprescindível, que a família conheça e verifique como são os acessos e a

mobilidade pelo ambiente escolar, principalmente para os alunos com dificuldades de locomoção. Ao verificar as salas de aulas, observe iluminação, mobílias da altura e são

adequadas à faixa etária do seu filho.

Os banheiros devem estar sempre limpos, com os produtos de higiene suficientes e que proporcionem autonomia. Pias e vasos sanitários com altura e tamanhos apropriados.

CHECK POINT: A estrutura física pode ser moderna ou pouco atrativa, mas se a proposta do colégio for atrelada a tudo que você acredita, observe se ela oferece o mínimo necessário: limpeza e segurança.

A educação é contínua e ao mesmo tempo alicerce em princípios, virtudes e valores que devem ser trabalhados e vivenciados a cada dia.

PARADA OBRIGATÓRIA: a escola deve focar no atendimento às expectativas da família. Acolher a criança, zelar pela educação de qualidade e promover o desenvolvimento pleno de cada aluno, em suas especificidades.

Ao ler a afirmação acima, você se depara com algo que parece um clichê, uma ideia relativa que se repete com tanta frequência que se tornou previsível dentro daquele contexto oferecidos pelas instituições de ensino em geral.

Pode até ser um clichê, mas como pai alinhe suas percepções com as ações e reações tanto da escola em relação ao seu filho quanto o contrário, essas irão confirmar, se o que é prometido, realmente acontece naquele ambiente.

A barreira social é como uma muralha, de um lado os privilegiados que têm acesso a ótimas escolas, sendo na maioria particulares, e do outro lado aqueles menos favorecidos que estão matriculados em instituições públicas, que frequentam muitas vezes para receberem alimentação, assistência ao ensino e afeto por parte de professores e grupo de colegas.

Hoje, existem várias escolas públicas modelos por meio de uma gestão participativa e com equipe de professores envolvidos num trabalho de excelência. Essa deveria ser a realidade do país, de todas as instituições de ensino, oferecer educação acessível a todos. É condição essencial para que o corpo discente do país, composto de crianças e jovens, tenha oportunidades de futuro. É preciso romper esse ciclo de insuficiência.

Há registros de alunos de escolas públicas que se destacam e ocupam o ranking nas aprovações em universidades federais ou com projetos sociais inovadores em suas comunidades que alcançam resultados expressivos. Decorrência advinda de pais ou mentores que incentivam crianças e jovens para os estudos ou práticas esportivas por acreditarem que é a única forma de construir um projeto de vida ética e bem-sucedido.

Pais ou mentores creditam à educação formal um futuro melhor com grandes expectativas profissionais e de empregos por não terem tido a mesma chance. Assim como os pais que querem oportunizar ao filho um futuro próspero como o que ele trilhou, oferecendo um legado igual ao dele.

As oportunidades e situações são distintas, mas existe uma forma, independentemente de qualquer fator para alavancar e conquistar resultados com vista a um futuro promissor.

PARADA OBRIGATÓRIA: o fator decisivo depende do interesse, da participação, do comprometimento e do envolvimento do aluno, da família e da escola.

Essa tríade fará a diferença independente do contexto em que você e seu filho se encontram. Não acomodar é o primeiro passo. Se você e seu filho estão empenhados em uma melhor escolarização e não dispõem de recursos financeiros ou opções de escolas públicas de qualidade acessíveis, busque informações de escolas particulares que ofertam bolsas de estudos.

Existem escolas particulares que oportunizam para os estudantes processos seletivos de bolsas, oferecendo desde a gratuidade das mensalidades ou significativos descontos nas parcelas mensais.

Escolas que oferecem as bolsas sociais contemplam as famílias de baixa renda. Essas são ofertadas aos alunos menos favorecidos, entretanto o cadastro deve obedecer aos critérios definidos por lei para a participação no processo seletivo. Muitas escolas, inclusive, agendam entrevistas de responsáveis legais com assistente social e equipe pedagógica.

A escola é um sublime espaço de socialização e aprendizagem com o poder de transformar a vida das pessoas, independente de classe social, etnia ou cor.

É finalidade da educação básica formar sujeitos participativos e críticos para atuarem na sociedade. Se para você, o mundo ou o seu país precisam de mudanças significativas em contextos como problemas sociais, corrupção, discriminação, grandes diferenças econômicas e apresentam verdadeiros abismos como a fome, a miséria, a falta de saneamento básico entre tantos enfrentados pela coletividade, verifique se a escola em que seu filho está ou irá se inserir busca e tem projetos sociais.

Certifique-se de que a escola estimula e conecta conteúdos às atividades que desenvolvem um olhar crítico para construção de uma sociedade mais justa e inclusiva.

Projetos que abordem e oferecem uma educação contextualizada e conectada com o mundo real, que oportuniza a intervenção do aluno no processo de aprendizagem e permite que os conhecimentos sejam a base de uma transformação. O estudante passa a ter um papel central e a ser o protagonista da sua vida e da sua comunidade. Ele pensa e atua como um agente capaz de resolver problemas e mudar a si mesmo e o mundo ao seu redor.

Educação que instrui e transforma a vida das pessoas, ensinam a criança a ser atuante na aprendizagem, ter interesse pelo saber, curiosidade que instiga a pesquisa e promove a proatividade e a autonomia.

CHECK POINT: durante a entrevista ou visita agendada, indague sobre ações sociais que a escola promove para uma agenda de transformação.

A Organização das Nações Unidas para a Educação, a Ciência e a Cultura - Unesco criou os 4 pilares da educação. Elaborados em 1999, pelo professor político e econômico francês, Jacques Delors.

Os Pilares da educação se baseiam nas esferas de aprender a aprender. São eles:

Aprender a Conhecer;
Aprender a Fazer;
Aprender a Conviver;
Aprender a Ser.

Os quatro pilares são como um círculo que contempla o todo. Parte da premissa que para preparar uma criança ou jovem para a vida em sociedade, é necessário ir além de conteúdos pragmáticos e descortinar uma consciência crítica e absorver os campos emocionais e artísticos do ser.

Uma instituição de ensino que estima as relações interpessoais, que oferece um espaço colaborativo permeado de interações sociais, em que a comunidade escolar se insere nesse objetivo, tem maiores chances de prosperar do que um ambiente competitivo, em que os indivíduos estão empenhados em se sobressair particularmente sobre os demais.

CAPÍTULO 10

COMO DECIDIR EM UM CENÁRIO TÃO AMPLO?

Educar é uma grande tarefa a ser compartilhada entre a escola e a família. Deparamo-nos com situações reais de crianças que passam mais tempo da vida em uma instituição de ensino do que em casa, assim como adultos que passam a maior parte do tempo no trabalho e contam com um colégio como suporte para a formação integral do filho.

Portanto, em prol da formação educacional do discente se torna primordial o compartilhamento de informações por parte de ambos.

Torna-se viável a conquista por resultados expressivos no processo de ensino e aprendizagem da criança, quando existe a interação aluno e escola e a participação efetiva dos pais na vida acadêmica dos filhos.

Para Piaget[16], toda aprendizagem deve ser significativa, não mecanizada, e precisa estar relacionada com os conhecimentos, experiências e vivências do aluno. Segundo o psicólogo, a aprendizagem é individual, e deve propor objetivos reais. Faz parte de um processo contínuo e amparado em um bom relacionamento entre os envolvidos no processo.

A visão de Piaget sobre o aprender está relacionada com a vida. Aprender é construir ideias, um pensamento.

O que toda instituição de ensino precisa oferecer?

Para que o aprendizado ocorra é importante que a criança disponha de condições psicológicas, sociais e interacionais

16 PIAGET, Jean William Fritz, (1896-1980) foi um psicólogo suíço e importante estudioso da psicologia evolutiva.

como o meio familiar, coletivo e escolar e que esteja interessada e comprometida com o objetivo a ser atingido.

Aprender é construir, ressignificar, transformar e reformular.

Deve ser um espaço que favoreça as crianças expressarem suas emoções e identificarem seus sentimentos.

O papel da escola é disponibilizar os instrumentos e cabe ao professor estimular as crianças a construírem esses conhecimentos, não dar respostas prontas ou limitar-se a mera transmissão de conceitos.

O professor é primordial nesse processo. Ele deve desempenhar o papel de articulador e facilitador, garantindo condições para o desenvolvimento das atividades coletivas e interdisciplinares.

Além de dominar os conteúdos programáticos e curriculares, o educador deve ter consciência das fases de desenvolvimento dos alunos; incentivá-los a sanarem suas dúvidas; elaborar avaliações coerentes com os objetivos da proposta metodológica; promover um clima que instigue a aprendizagem; atuar em equipe e estabelecer desafios para a aprendizagem.

O educador precisa conhecer a instituição e as normas vigentes. Ser comprometido e aspirar pelo aprendizado do aluno. Ele almeja que o aprendiz tenha vida acadêmica regada de conquistas e sucesso. Diante do insucesso ou dificuldade de aprendizagem do aluno, buscar soluções ou estratégias de forma a sanar e contemplar os conteúdos estudados.

CHECK POINT: o professor faz a diferença! Ele está à frente na condução de todo trabalho!

Como alerta Alice Simão[17], para educar pessoas é preciso entendê-las. O professor que conhece e se aprofunda no estudo

17 SIMÃO, Alice (1989), especialista em temperamentos, empresária, diretora escolar, mentora e consultora familiar, nascida em Brasília, Distrito Federal, Brasil.

dos quatro temperamentos humanos, consegue amparar seus alunos em seus principais desafios. Afinal, o educador que compreende a motivação pela qual uma pessoa se comporta de determinada forma, principalmente na infância, não irá se deter em gerir comandos repetidos, mas personalizados para cada indivíduo. Para o aluno, é um privilégio cruzar com professores assim, esses têm suas vidas fortemente impactadas pela grande chance de serem suas melhores versões.

A interação da criança com o meio social, em sua ampla estrutura biológica e psicológica, é fundamental para o seu desenvolvimento global. Conheça algumas propostas educacionais oferecidas.

Nós não iremos abordar metodologias em sua magnitude, porque são temas complexos e teóricos e quem precisa ser conhecedor profundo são os especialistas que atuam nas instituições de ensino. Inclusive, não somos especialistas em todas as linhas metodológicas.

Traremos informações amplas e gerais sobre os tipos de escolas para facilitar sua escolha.

Conhecer a linha do colégio é compreender a direção e a forma de conduzir a construção e a formação da criança e do jovem, que será o alicerce na abordagem dos conteúdos, na postura do professor e na escolha dos recursos utilizados.

“Não existe uma forma única de se passar ou
aprender conhecimento.”
Rodrigo de Godoy

Após esse primeiro passo, se tiver interesse em se aprofundar sobre uma determinada instituição ou metodologia, existem muitos materiais acessíveis e de fácil entendimento, mas o ideal é solicitar que o colégio indique leituras ou fontes de estudos para pais.

Independente de metodologia, todos as instituições têm que ser legalizados e atuarem de acordo com a LDB, a Lei de Diretrizes e Bases que regula o sistema educacional no país, tanto em âmbito da Educação Básica quanto no Ensino Superior. A lei é a mesma para escolas públicas, particulares e demais modalidades de ensino.

As instituições precisam adotar instrumentos avaliativos e seu filho terá que passar por processos comuns, um procedimento de medição, independentemente do tipo de metodologia nas etapas do Ensino Fundamental, Ensino Médio e Ensino Superior.

Podemos dividir em grandes grupos:

ESCOLAS TRADICIONAIS: são em uma linha mais conteudistas, com uma proposta centrada nos conteúdos e o foco em preparar o aluno para aprovações em universidades. Atualmente, pode se afirmar que essas instituições valorizam atividades diversificadas e aulas que desenvolvam a criatividade e procurem trabalhar com metodologias ativas, em que o aluno participe mais.

Algumas apresentam projetos bilingues e de valores de vida. Existem, inclusive, as que apresentam ou trabalham com materiais atualizados e em concordância com a BNCC[18], com um enfoque nas competências e habilidades previstas nessa normativa.

O que essas escolas têm em comum é o volume de estudo mais sistematizado, uma valorização a organização e a disciplina, calendários, grade horária e provas em um sistema mais rígido em relação a aplicação de avaliações e notas em um código quantitativo.

---

18 BNCC, Base Nacional Comum Curricular é um documento de caráter normativo que define o conjunto orgânico e progressivo de aprendizagens essenciais que todos os alunos devem desenvolver ao longo das etapas e modalidades da Educação Básica. Disponível em: http://basenacionalcomum.mec.gov.br/

Dentro dessa linha, existe a vertente comportamentalista, mas ambas têm o enfoque no professor e na transmissão de conteúdo. O aspecto dessas instituições está no processo, nos materiais utilizados e na forma de aplicá-los. A proposta de ensino é bem delineada a partir dos materiais didáticos, de uma grade de ensino estruturada e controlada a partir de atividades bem mensuradas. Os estudantes devem atender a demanda por meio de um comportamento esperado.

Linhas educacionais baseadas em teóricos e grandes educadores:

As **CONSTRUTIVISTAS,** aperfeiçoadas nos estudos de Jean Piaget. O professor passa a ter uma postura de facilitador para que a criança construa o seu próprio conhecimento. As atividades são elaboradas para oferecerem o máximo de experiências práticas. As crianças são organizadas em ciclos e novas aprendizagens tem como base o que elas já sabem. As avaliações são diversificadas e muitas vezes não se baseiam em provas convencionais. Consideram as características das etapas do processo de desenvolvimento para definir suas ações pedagógicas.

As **SOCIOINTERACIONISTAS** têm a metodologia interacionista como aporte e baseiam-se na teoria desenvolvida por Vygotsky[19] que centra o desenvolvimento na interação entre as pessoas e com o contexto sociocultural em que estão inseridas. Nessas instituições o professor tem o papel de promover avanços atuando na zona de desenvolvimento proximal, que se encontra entre o que o discente já sabe fazer sozinho e o que ele deve aprender. O aluno, sujeito da aprendizagem, aprende com os outros e com o grupo social. A proposta pedagógica se refere

19 VYGOTSKY, Lev Semyonovich, (1896-1934) psicólogo bielo-russo que realizou diversas pesquisas na área do desenvolvimento da aprendizagem e do papel preponderante das relações sociais no processo educacional.

a uma abordagem histórico-cultural do desenvolvimento humano.

Na prática, valoriza que fatores orgânicos e ambientais exercem influência no processo de desenvolvimento dos indivíduos e a aquisição do conhecimento é fruto da integração entre fatores objetivos e subjetivos do cotidiano de cada aluno.

A aquisição do conhecimento é um procedimento construído que coloca cada um como o personagem principal no processo ensino-aprendizagem.

"A afetividade é a porta de entrada do conhecimento."
Wallon

As **MONTESSORIANAS,** criada por Maria Montessori tem uma estrutura baseada na observação, na experiência concreta e no uso de recursos elaborados para estimular a prática e a individualidade dessas experiências. O ritmo e o tempo do aluno são respeitados.

O educador direciona o aluno para as atividades que deve realizar. O discente escolhe entre os materiais e atividades disponíveis qual irá realizar no dia, fomentando no estudante a responsabilidade por sua aprendizagem. Há um estímulo a convivência, a interação e o cuidado com o colega.

A partir de módulos obrigatórios, o aprendiz constrói seu progresso, se necessário, ele retoma aos módulos ditando o seu ritmo, que pode diferir da turma.

Nessa linha há uma valorização de atividades ao ar livre, em experiências que simulem o dia a dia e atividades práticas.

As **WALDORF** têm como base a pedagogia de Waldorf elaborada pelo filósofo austríaco Rudolf Steiner[20] que apresenta como premissa o holos do aluno, o indivíduo inteiro, o todo; corpo,

20 STEINER, Rudolf (1861-1925), filósofo, educador e artista nascido na Croácia.

alma e espírito. Ele baseou-se em uma linha de pensamento que discerne o homem além do material. O conjunto das necessidades físicas, individuais, sociais e intelectuais devem ter uma unidade, sem elencar uma em detrimento da outra.

A metodologia tem como base ciclos definidos de sete em sete anos e o "tutor fixo" é responsável pelo grupo durante todo o ciclo. As observações e apontamentos desse educador compõem as avaliações.

Na infância ou no primeiro ciclo tem algumas particularidades na prática de trabalhos manuais e artísticos. As crianças são inseridas em atividades como marcenaria, culinária e costura. Utilizam de brinquedos simples em que as matérias primas base são madeiras e tecidos diversos.

As **FREINETIANAS** têm seus preceitos e atividades idealizados pelo pedagogo francês Célestin Freinet[21], pautadas em uma proposta de ensino inspirada nos quatro pilares que ele organizou: a livre expressão, a autonomia, a cooperação e o trabalho.

O método Freinet é valorizado e reconhecido por primar pelo ensino democrático e colaborativo. O interesse da criança é medido a todo o momento, em diversos espaços. As atividades propostas extrapolam a sala de aula para além de seu território.

O que o método tem como maior valor é que sucesso nem sempre condiz com a competição a todo custo, tão presente no mundo moderno. O foco é formar cidadãos participativos por meio de estímulo positivo e da individualidade. Uma rotina focada na prática e na experiência em que o aluno aprenda e ensine ao mesmo tempo com o grupo que está inserido. O professor é um mediador.

Muitos preceitos desse método são comuns em várias escolas como "aulas-passeio", conhecidos com estudos ou saídas de

21 FREINET, Célestin (1896-1966), pedagogo nascido na França

campo, os cantinhos pedagógicos e a troca entre instituições.

As **LOGOSÓFICAS** utilizam do Método Logosófico, ciência criada pelo educador Carlos Bernardo González Pecotche[22], e consideram como a artéria principal o aluno se familiarizar de forma íntima com o que é ensinado. O método tem como premissa não se moldar diante de estruturas rígidas ou dogmáticas. Não utiliza a memória como fator determinante para aprendizagem, mas a visão interna de cada um em âmbito psicológico e mental. Distingue-se como um método original e singular sem similaridade com nenhum outro. A estrutura e função projeta os resultados mediante uma ação casada em exposição, aplicação e aperfeiçoamento, todas são interligadas.

O que essas escolas embasadas em grandes colaboradores indescritíveis para a educação têm em comum, é aplicarem, na prática, as metodologias estudadas pelos teóricos que instituíram os métodos ou a base deles. O foco está na individualidade e a grade curricular se fundamenta em oferecer experiências práticas para que as crianças vivenciem e participem de atividades e espaços diversos com aulas de artes, ao ar livre, aulas de música e outras que estimulem a criatividade.

A maior diferença a ser observada em um aspecto mais amplo da proposta dessas escolas em relação a linha tradicional, é que não existe uma ênfase no comprimento de horários e nos conteúdos. O enfoque está em observar e avaliar as fases de desenvolvimento de cada criança.

Geralmente em colégios tradicionais e comportamentais, alunos e pais, ao final de cada etapa, têm acesso às notas por meio de um boletim, enquanto as outras instituições geralmente apresentam fichas com conceitos ou relatórios individuais do progresso do aluno.

22 PECOTCHE, Carlos Bernardo González (1901- 1963), pensador e humanista nascido na Argentina.

Outro grupo são as escolas bilíngues e internacionais que oferecem o ensino de outra língua, mas são distintas em sua concepção. A primeira etapa é compreender as diferenças entre elas.

As **BILÍNGUES** têm parte do currículo lecionado em uma segunda língua além da materna do país. A equipe composta por professores e coparticipantes usam como base para as aulas e estudos, das formas de comunicação e interação, a segunda língua, seja inglês, francês, espanhol ou outra. A segunda língua é inserida no cotidiano não como uma disciplina.

As instituições que oferecem um Programa Bilíngue utilizam a segunda língua para ampliar o conhecimento adquirido na primeira língua em outras disciplinas. O programa geralmente tem uma abordagem no CLIL - Content and Language Integrated Learning, que visa uma conexão do conteúdo e da língua por meio de projetos que ampliem a competência comunicativa e a visão de mundo ao conhecer outras culturas e desenvolverem um pensamento crítico.

O que elas têm em comum é um maior contanto e vivência com a segunda língua, promovendo o processo de aquisição do segundo idioma. As aulas são integralmente em outro idioma, com um encontro diário com a língua, proporcionando um ambiente de imersão.

As **ESCOLAS INTERNACIONAIS** têm como principal característica o vínculo com outro país e adotam uma prática de ensino guiado pelo país de origem. O plano de ensino, o calendário, a grade curricular, o perfil e as atividades são vinculados a comunidade de país.

Essas instituições facilitam o intercâmbio entre crianças e jovens de diversas origens, proporcionando uma maior exposição a uma diversidade cultural e linguística.

Algumas escolas internacionais são credenciadas pela IBO - International Baccalaureatte Organization e oferecem uma certificação que é aceita por vários países, o que facilita o acesso em universidades pelo mundo.

As **CONFESSIONAIS** têm o ensino de valores e práticas religiosas com base em credos dominantes na sociedade.

"Caracteriza-se por seguir a "confissão" religiosa de uma determinada ordem religiosa ou congregação. Uma escola confessional pode ser católica, presbiteriana, evangélica, entre outras."

Mariluce Bittar

Essas instituições de ensino se baseiam em uma doutrina ou um princípio filosófico a ser seguido e utilizado em suas práticas pedagógicas cotidianas.

Há inúmeras, "como a jesuíta, fundamentada na doutrina teológica de Santo Inácio de Loyola; a franciscana, seguidora dos princípios educacionais da ordem religiosa de São Francisco de Assis; a salesiana, baseada nos princípios educativos de Dom Bosco, as presbiterianas seguidoras da doutrina de Martinho Lutero, entre outras." Mariluce Bittar[23]

Essas têm como proposta principal, em sua missão e visão, na conduta e na prática pedagógica os conhecimentos filosófico-teológicos e os princípios educacionais da ordem religiosa que vivência.

Esses colégios também trabalham com evidências científicas e práticas pedagógicas bem consistentes.

23 BITTAR, Mariluce. Escola confessional. In:OLIVEIRA, D.A.; DUARTE, A.M.C.;VIEIRA, L.M.F. DICIONÁRIO: trabalho, profissão e condição docente. Belo Horizonte: UFMG/Faculdade de Educação, 2010. CDROM

Você, como pai, ao se decidir por uma escola confessional, precisa ter em mente que a formação religiosa ocorre no seio familiar. A instituição será uma extensão do seu lar, mas não a responsável por implantar a doutrina religiosa em seu filho.

Você deve ter em mente que nas escolas tradicionais a visualização e o acompanhamento dos conteúdos podem ser mais explicito, enquanto em outras linhas podem estar mais ocultos, mas com certeza existe um plano de ensino. Ambas exploram conceitos básicos, fundamentais a qualquer aprendiz.

Hoje você pode se deparar com escolas ecléticas, que tem em seu Projeto Político Pedagógico uma mescla de vários teóricos e você encontra, em um mesmo espaço, pontos que se permeiam.

CHECK POINT: as escolas de uma mesma linha podem variar bastante na forma de atuação.

Por serem organizações que precisam estar em constante evolução, assim como o mundo, as instituições e os profissionais que nela atuam carecem dessa busca por aprimorar-se.

Com o acesso à informação, as escolas que mantêm um olhar atento a necessidade de formação do corpo docente, permeiam atividades e propostas que abarcam estratégias advindas de diferentes pensadores. A neurociência e o ensino baseado em evidências científicas se fazem presente em qualquer espaço educacional contemporâneo que esteja conectada com a capacidade de produzir conhecimento.

A escola completa é aquela que desenvolve nos educandos e nos docentes o conceito de Learnhabilty, a habilidade e a capacidade de aprender sempre, que acopla a estrutura física e o ensino com tecnologia, valores humanos, afetividade, amor pela natureza e pelas ciências com espaços que proporcionem a integração desses elementos, mas que contemple, acima de tudo, a sua confiança e preencha em plenitude o seu coração e mente como pai e mãe.

CAPÍTULO 11

DIÁLOGO + AFETO = LINGUAGEM DO AMOR

Um dos horários mais importantes para pais e filhos é o reencontro após um dia de aula ou mesmo no trajeto e na preparação que antecede a chegada ao espaço escolar. Tanto na ida como no retorno da escola, no trânsito, no portão do colégio ou o reencontro em casa são momentos privilegiados de grandes trocas.

Utilizar com sabedoria essa oportunidade representa expansão de amor, conexão e aproximação. As atitudes do adulto que constroem a ponte ou a forma como a criança ou o jovem reagem, fomenta uma relação de amizade, confiança e respeito.

PARADA OBRIGATÓRIA: A família que coloca a observação e o diálogo como base para uma convivência familiar salutar e harmoniosa, nutre o amor que envolve e firma um elo seguro.

Pai e mãe são o porto seguro da criança, ou deveriam ser. Muitas vezes, ao final do turno escolar, quando o pai ou a mãe busca o filho na escola, principalmente crianças pequenas, podem ter uma reação de choro ou de irritação ao encontrá-los. Alguns pais compreendem como birra ou logo se preocupam se algo mais grave aconteceu. Na verdade, o que precisa ser feito quando a criança tem esse tipo de reação é apenas acolhimento e calma.

O choro ou atitude como essas na verdade são, na maioria das vezes, uma forma de extravasar o dia de fadiga e tensão. Afinal, a criança desenvolveu inúmeras atividades e conflitos diante do grupo de colegas sem você por perto. Ela está dando os primeiros passos para sua autonomia.

Coloque-se no lugar dela. Como adulto, após um dia de trabalho bem-sucedido, não precisa nem ter passado por um problema, você só quer chegar em casa e estar perto dos seus para nutrir sua fonte de amor.

A atitude contrária apenas reflete a criança cansada de um dia produtivo, ela ainda não sabe expressar isso.

Acolher no colo ou se posicionar na altura da criança é a primeira ação para confortá-la e demonstrar que você a compreende. Um abraço afetuoso, se permitido nesse momento, acalma o coração do filho.

PARADA OBRIGATÓRIA: A criança precisa carregar sua "bateria" de aconchego e amor.

Carregar essa bateria pode ser com um simples toque. Observe como seu filho às vezes vem em sua direção, até mesmo interrompe a brincadeira, para lhe dar um abraço gostoso, em silêncio, e volta para a atividade que ele realizava. Ele só precisava carregar a bateria.

Ao final de uma etapa escolar, a cada dia, a semente que deve ser plantada, cultivada e regada resulta em aprendizados na prática de valores fundamentais para o convívio e amor fraterno.

Crie condições para que as crianças e jovens desenvolvam habilidades e competências socioemocionais.

É comum quando os filhos ingressam na escola, ou mesmo ao longo da vida acadêmica, a curiosidade intensa do pai para saber o que fizeram de mais interessante. Querem saber o que os filhos mais gostaram no dia, o que aprenderam, quais foram às brincadeiras, com quem ele brincou, entre tantas perguntas e anseio por respostas.

Certa vez, ao buscar a filha da Educação Infantil no colégio, o pai a acolheu, a abraçou e perguntou: — Como foi sua tarde hoje?

A resposta da filha foi imediata:

— Fantástica!

Essa é a resposta esperada e que faz o coração do pai bater acelerado. Entretanto, ao questionar o que havia acontecido para deixar o dia tão incrível, a resposta foi:

— Depois te conto, estou cansada.

E agora? O que fazer com a curiosidade do pai e o balde de água fria do momento? Esperar.

Em outras atividades de rotina como na hora da refeição, do banho, entre outros feitos sob o seu cuidado e supervisão, pode ser que o filho conte. Mas diante da resposta inicial, o coração do pai já se sentiu aquecido.

À medida que os filhos crescem e são capazes de expressar, por meio da fala, sentimentos e narrativas de situações, os pais acreditam que tudo será mais claro e fácil.

Alguns pais questionam e demonstram interesse em saber como foi o dia do filho na escola e quando se deparam com circunstâncias em que as indagações têm respostas vagas, volta a surgir uma ponta de preocupação e pensamentos que acendem uma luz amarela.

– Como assim, meu filho é comunicativo, mas quando questiono sobre o que fez no colégio ele me responde resumidamente?

– Será que ele está infeliz?

– Há algo de errado acontecendo com o meu filho?

O fato do seu filho não querer contar tudo o que realizou no colégio, não pode ser considerado um indício de que algo está ocorrendo ou que alguma coisa não vai bem. Simplesmente, naquele momento, ele não quis falar sobre o assunto e os pais precisam compreender.

Fique atento, se for algo mais sério a mudança de comportamento e outros sinais que surgem. Se passar a ser uma atitude constante e oposta ao temperamento do filho, investigue com sabedoria e sutileza. Ligue o seu radar de percepção e observação.

Para promover uma conversa em família, demonstre, em primeiro lugar, que valoriza o diálogo e essa partilha entre pessoas que se amam.

Inicie a conversa, relate como foi o dia, o trabalho, o que fez ou fizeram. Se mesmo assim, o filho ainda não se propor a falar, até porque pode ter sido apenas um dia comum, abra para outros temas, como planejamentos para final de semana, visita a familiares, viagens ou férias.

Demonstre sempre interesse pelas atividades do filho. Esteja atento às necessidades, experiências, histórias e filmes que ele aprecia e sugestões de programas que desejam realizar juntos.

Pais e educadores devem estar conectados aos interesses das crianças, assim ela recordará e comentará de situações vivenciadas por ela no colégio, sendo capaz de identificar suas emoções. A criança ou o jovem será capaz de expor os sentimentos que a permeou diante dos fatos ocorridos, quer tenham sidos bons ou ruins.

Algumas crianças têm habilidade de comunicação e uma necessidade de se expressarem espontaneamente. Relatam aos pais tudo nos mínimos detalhes, quais as atividades desenvolvidas, o que mais gostaram, a posturas de colegas, com quem se depararam, até mesmo se os professores ou adultos que encontraram estavam felizes ou tristes.

Inclusive, pais precisam se atentar para não sustentarem uma postura de extrapolar limites.

Uma mãe, que nos procurou uma vez, necessitava de atendimento urgente na primeira hora do dia por estar angustiada e preocupada. Ela nos colocou que na noite anterior, a mãe de uma colega da filha relatou um episódio em que a professora destratou, expôs e agiu de forma inadequada e rude com a filha dela.

Essa mãe, ao questionar a filha, percebeu que ela realmente concordou que não ficou confortável com o ocorrido, mas pediu que a mãe não se preocupasse, pois a professora já havia conversado com ela em particular depois da aula e tudo estava esclarecido. A filha pediu à mãe que não procurasse a escola, porque não era necessário.

Ainda angustiada, a mãe buscou a escola porque pela forma como a colega e a mãe dela reproduziram a situação, considerou que a filha escondia algo.

A postura da mãe em ir à escola foi assertiva, pois os fatos foram esclarecidos e a história contada pela filha foi a versão correta da situação. A mãe pode perceber a maturidade da filha e a relação de confiança entre as duas se fortaleceu.

O episódio poderia ter tido outro desfecho e o relato feito à escola constatado uma situação de autoritarismo por parte do professor, necessitando de uma intervenção imediata da instituição.

O que queremos destacar são três pontos. Primeiro, o exemplo de uma relação baseada no diálogo e na confiança que se confirmou, segundo a criança que retrata situações com detalhes precisa discernir entre todas as versões da história e saber transmitir, por fim, procure a escola sempre que se ver diante de uma situação que gere amargura.

CHECK POINT: se algo afligiu, causou uma indagação ou uma preocupação, como pai não pense duas vezes para contactar a escola e esclarecer dúvidas. Pequenas situações resolvidas não se transformam em grandes bolas de neve.

Há casos de crianças que querem contar tudo, inclusive dando o relato de irmãos, sendo necessário que os pais façam uma intervenção educativa, de forma que o filho aprenda a passar a palavra e saiba ouvir o irmão ou outros membros da família.

Nesses casos, é preciso sintonia para ensinar aos filhos a respeitar o espaço, o tempo e o outro em sua forma de ser.

Expressar afeto pelo filho, é mostrar interesse pelo que ele fala, faz, gosta ou brinca. Procure saber quem são seus amigos, como está no colégio, o que ele faz, o que aprendeu.

Palavras dóceis, abraços e carinho, brincadeiras ou jogos expressam o quanto o filho é amado.

É importante saber ouvir as histórias que ele conta. Ouvir é demonstrar que os sentimentos da criança são validados e compreendemos o que ela expressa.

Caso seu filho apresente uma situação, observe se ele considera como um problema. Escute e não menospreze com uma resposta de “Isso é bobagem”. Não desqualifique o que para ele é uma dificuldade, pois aqueles que se encontram em formação só serão capazes de resolver grandes desafios quando os que considerados pequenos por você, mas grande para eles, forem solucionados.

Evite respostas prontas para resolver o problema. Ouça e questione como ele acredita que pode se desvencilhar da dificuldade. Proponha soluções se for oportuno e deixe que se sinta acolhido e confortável. Portas de diálogos se abrem assim.

Outra forma de demonstrar amor pela criança é conhecer os colegas de turma, convidar amigos para irem a sua casa e brincarem com o seu filho.

Contar com a participação e a colaboração das crianças em pequenas tarefas domésticas, além de estabelecer uma rotina de cumplicidade e responsabilidade de todos, alavanca uma excelente ocasião para trocas e relatos de experiências vividas pelos pequenos no âmbito escolar. O cuidado com o filho é necessário, portanto, esteja atento para que ele não se machuque, afinal acidentes domésticos podem e devem ser evitados.

A criança tratada como criança, é amada e respeitada. Períodos como banho e alimentação são uma demonstração de amor e sinergia de confiança. Quando a família não pode dar essa atenção por motivo de estar trabalhando, devem contar com um responsável que zele pela criança na ausência dela e possa exercer esse canal de comunicação com os pais.

A atitude empática dos pais, educadores e outras pessoas revelam apreço com esse pequeno ser em formação.

A criança precisa de tempo para brincar e fazer suas descobertas na escala de saberes. Os adultos devem permitir o momento livre da criança para que ela escolha o que quer fazer, seja divertir ou descansar.

É direito da criança frequentar uma escola e ser assistida por profissionais que conheçam os estágios de desenvolvimento infantil e que se comprometam em oferecer atividades que estimulem seu aprendizado.

Compreender as etapas de desenvolvimento infantil ajuda na interpretação dos comportamentos. Ser capaz de perceber que a criança não está testando e nem manipulando, como às vezes, por desconhecimento, o adulto costuma julgar.

O convite para mergulhar juntos nesse universo infantil é estabelecer um diálogo e uma rotina.

Uma proposta interessante é a família promover um bate papo, uma mesa redonda ou roda de conversas, de forma natural, incentivando o filho a contribuir com suas percepções, ideias e emoções.

Estabeleça sempre um momento em família para que cada um conte algo do dia, o que foi interessante, se foi cansativo ou agradável e o que o tenha aborrecido. Assim, todos da família participam da conversa, interagem, buscam alternativas para amenizarem o que tenha ocorrido de negativo ou soluções para resolverem os desafios.

O site Her view from home[24] apresentou uma série de perguntas para auxiliar os pais em como iniciar um diálogo para

24 Disponível em:https://herviewfromhome.com/50-questions-to-ask-your-kids-instead-of--asking-how-was-your-day/, Acesso em 31 ago 2021.

saber como foi o dia da criança. Seguem algumas que podem inspirar você.

- O que fez você sorrir hoje?
- Você pode me dizer um exemplo de gentileza que você viu ou demonstrou?
- Houve um exemplo de crueldade que você presenciou hoje? Como você reagiu?
- Todo mundo tem um amigo no recreio?
- Qual foi o livro que seu professor leu? Qual era o assunto?
- Qual é a palavra da semana?
- Alguém fez alguma coisa boba que te fez rir?
- Alguém chorou?
- O que você fez de criativo?
- Qual é o jogo mais popular no recreio?
- Qual foi a melhor coisa que te aconteceu hoje?
- Você ajudou alguém hoje?
- Você disse "obrigado" a alguém?
- Com quem você se sentou no momento da refeição?
- O que te fez rir?
- Você aprendeu algo que não entendeu?
- Quem te inspirou hoje?
- Qual foi o ponto alto, a melhor parte, do seu dia e o pior momento?
- Qual foi a parte do dia que você menos gostou?
- Alguém da sua classe foi embora hoje?
- Você já se sentiu inseguro?
- O que você ouviu que o surpreendeu?
- O que você viu que te fez pensar?
- Com quem você jogou hoje?
- Diga-me algo que você sabe hoje que não sabia ontem.
- Conte algo que o desafiou.

- Como alguém te ajudou a realizar algo que você programou fazer no dia de hoje?

- Você gostou da sua refeição? (Nos Estados Unidos os pais têm o hábito de escrever bilhetinhos e colocar na lancheira dos filhos. A sugestão do site é que você inclua piadas de lancheira como um espaço com palavras de incentivo para fazer seu filho rir e perceber as suas mensagens de encorajamento. Um exemplo: A criança leva pedaços de abacaxi na lancheira e encontra a mensagem "Não se preocupe com os abacaxis da vida.")

- Avalie seu dia em uma escala de 1 a 10.
- Alguém teve problemas hoje?
- Como você foi corajoso hoje?
- Que perguntas você fez na escola hoje?
- Conte-nos as duas principais coisas do seu dia, antes que você possa ser dispensado da mesa de jantar!
- O que você espera para amanhã?
- O que você está lendo?
- Qual foi a regra mais difícil de seguir hoje?
- Me ensine algo que eu não sei.
- Se você pudesse mudar alguma coisa no seu dia, o que seria?
- (Para crianças mais velhas): Você se sente preparado para o teste? Há algo em sua mente que você gostaria de falar?
- Com quem você compartilhou seu lanche?
- O que fez seu professor sorrir? O que o fez franzir a testa?
- Que tipo de pessoa você foi hoje?
- O que te deixou orgulhoso?
- O que fez você se sentir amado?
- Você aprendeu alguma palavra nova hoje?
- O que você espera fazer antes do fim das aulas deste ano?
- Se você pudesse trocar de lugar com qualquer pessoa na sua sala de aula ou até mesmo na escola, quem seria? Por quê?

- Qual é a parte que você menos gosta do prédio da escola? E a favorita?
- Se você trocasse de lugar com seu professor amanhã, o que ensinaria para a classe?

O site destaca que a chave não é apenas a forma como a pergunta é formulada, mas a resposta de forma apoiadora, o suporte emocional transmitido por você como adulto significativo na vida daquele ser.

Selecione e dose as perguntas em momentos propícios.

A construção da autonomia, segurança e partilha se inicia por meio do prazer de estar e em conversar em família. Comece já a colocar essa atitude em prática.

CAPÍTULO 12

O QUE A PANDEMIA AGREGOU PARA A EDUCAÇÃO?

Fomos surpreendidos repentinamente por uma pandemia que impactou a vida de todos. Foi preciso romper barreiras e quebrar paradigmas.

Daqui há alguns anos, muitos contarão, para as novas gerações, o que é viver em tempo de pandemia. Essa tarefa será feita com um suspiro de respeito e de vitória, pois serão sobreviventes de uma catástrofe de proporção mundial, assim como os que resistiram às guerras.

Saber aproveitar um tempo como este, embora repleto de angústias, dores e tristezas, é compreender que foi também uma oportunidade sem igual para formar pessoas novas, mais fortes e melhores.

É possível cada um fazer um balanço das perdas e dos ganhos diante da pandemia. Sem dúvida, nas listas constarão itens muito profundos e dolorosos, sobretudo para os que perderam pessoas queridas ou para os que se viram sem emprego ou sem os negócios. Mas se muitos sofrem com a crise, outros oferecem ajuda.

No entanto, o que nos propomos aqui é fazer uma análise dos impactos na vida escolar dos alunos, das perdas e ganhos em um nível pedagógico, os quais contribuíram, de alguma forma, para gerar um aluno novo surgido com a pandemia.

Vale lembrar que para cada mudança que trouxe incerteza, pais e professores descobriram uma solução que os uniu. Que isso seja um legado positivo!

A missão de partilhar da educação dos filhos extrapolou os muros da escola e essa premissa se fez presente quando, do dia para noite, a maioria foi inserida em um mundo novo, o virtual.

Você pode ter tido essa oportunidade com seu filho, ou dependendo da idade dele, no caso de alunos da Educação Infantil, optou por mantê-lo longe das telas.

Alguns colégios, inclusive algumas escolas públicas, não conseguiram adentrar nesse novo sistema.

Instituições de ensino tiveram que se reinventar para dar continuidade ao aprendizado dos alunos e promoverem o conhecimento à distância em tempo recorde.

As escolas, ao se reformularem, precisaram investir em profissionais de tecnologia da informação, oferecer plataformas, sites e blogs visando uma educação online de qualidade e claro, se manterem conectados com a comunidade escolar.

Algumas famílias e escolas não tiveram recursos para esse modelo. Mesmo muitas que se propuseram ou puderam submergir nesse novo contexto, enfrentaram desafios gigantescos, tanto pela instituição quanto por parte das famílias. O que se estima é uma ruptura e um atraso na educação do país que será estampado em décadas.

A pandemia do covid-19 e o confinamento, em diversos países, levou à necessidade de empresas e escolas funcionarem com a maioria de seus quadros em home office ou *homeschooling*[25].

Em algumas esferas da sociedade, o fato de boa parte das pessoas contarem com plano de dados ou banda larga, além da disponibilidade de ferramentas tecnológicas, possibilitou uma transição relativamente tranquila.

Os pais, diante da brusca e inesperada mudança, não tiveram outra opção, assumiram e ficaram incumbidos de dar apoio para o filho e acompanhar às aulas mediadas pela internet.

Tudo isso propicia aos pais estarem mais próximos dos filhos, conhecerem suas fragilidades nos aspectos socioemocionais, desafios em relação à aprendizagem a serem superados, se certificarem da assimilação, revisão e fixação dos conteúdos trabalhados,

25 Homeschooling:ensino domiciliar.

além de orientarem os filhos quanto à utilização, acesso das ferramentas tecnológicas e sites confiáveis para pesquisa.

A sobrecarga para os pais foi muito pesada. Além de toda responsabilidade e cuidados com os filhos, outras funções tiveram que ser desempenhadas e conciliadas. O trabalho em home office ou presencial, alguns com maior sobrecarga como médicos, enfermeiros e outros setores foi conjugado com os afazeres domésticos englobando organização, alimentação e limpeza da casa.

Pais que enfrentaram o medo, o desconhecido, o novo que era a doença, muitas vezes não puderam contar com a rede de apoio, avós e outros membros que precisaram permanecer isolados.

A missão dos pais de se transformarem em "tutor pedagógico", da noite para o dia, foi árdua.

Os esforços das famílias são reconhecidos e enaltecidos, pois tantas alterações na rotina afetaram a vida das crianças que muitas vezes se mostravam desanimadas e desinteressadas frente às aulas virtuais.

Em contrapartida, professores adentravam a casa das famílias com o intuito de continuar a jornada do saber para as crianças.

O desafio foi gigantesco tanto para pais e mães, quanto para o educador, afinal a aula proposta, já não era somente para o aluno e sim para todos os familiares que necessitavam apoiar e acompanhar o filho.

Com planejamentos bem elaborados, dinâmicas e recursos de mídia atrativos, os professores dedicados se esmeraram para manter o interesse e o foco dos alunos na aprendizagem.

As aulas mediadas pela internet deixam registros e aprendizados. Os percalços foram muitos, ora preenchidos por sentimentos de isolamento e distanciamento, ora com quedas de energia, mau funcionamento dos computadores, problemas técnicos ou velocidade fraca da internet.

Registrou-se mudanças, desde o estilo de vida, de hábitos e

costumes, na maneira de agir das pessoas. Foi necessário ressignificar conceitos, formas de pensar, desaprender e reaprender, desconstruir para construir.

As crianças e jovens que tiveram a oportunidade de ingressar nessa modalidade de ensino EAD[26] por meio remoto e mediada pela internet, só foi possível pelos motivos listados a seguir.

A aprendizagem aconteceu porque vivemos na era da Geração Z e da Geração Alpha. O futuro se transformou porque os estudantes da Educação Básica eram compostos por eles. O inimaginável antes se fez possível.

A Geração Z são os jovens que percebem os dispositivos digitais como algo natural em suas vidas, conhecidos como nativos digitais. Eles redescobriram o poder de comunicação dos vídeos e impactam nas gerações futuras.

As crianças pequenas, da Geração Alpha, estamos conhecendo e já aprendendo com eles. Nascidos a partir de 2010, teriam no período da pandemia, até 10 anos. Como na Geração Z, a tecnologia tem uma centralidade em suas pequenas vidas e já se previa que iriam acompanhar uma profunda mutação nos processos de aprendizagem.

Outro ponto que viabilizou a esse grupo de estudantes um ingresso e uma adaptação mais rápidos, foi porque os pais e essas escolas já ofereciam a tecnologia no seu cotidiano. Jovens e crianças já possuíam um conhecimento prévio.

Destacaram-se diante desse novo cenário as escolas que já empregavam o uso de tecnologia na proposta educacional, foi dada, a partir desse ponto, a largada para o ensino híbrido.

As escolas que saíram à frente revelaram uma maior habilidade na qualidade das aulas e conseguiram estabelecer vínculos com as crianças, logo no começo da Pandemia, para darem continuidade ao processo de ensino aprendizagem.

26 EAD é a sigla referente a Ensino a Distância: modalidade de ensino em ambiente virtual, sem a necessidade de presença física para o processo de aprendizagem. Professores e alunos estão separados fisicamente e utilizam de meios e tecnologias como ferramentas de comunicação.

Os estudantes dessas escolas mostraram-se familiarizados com a ferramenta tecnológica e em pouco tempo se ambientaram, demonstrando participação e interesse pelas aulas.

Alguns colégios mantêm, desde a Educação Infantil, aulas de informática, o uso da tecnologia por meio de atividades diversas e gamificação[27] nas aulas.

Oportunizou-se um novo olhar do professor e da família para o processo de ensino aprendizagem. Ao penetrar nos lares, se fez mais forte a conexão entre pais, professores e alunos. Os pais puderam conhecer como os professores trabalham, puderam entender melhor a aprendizagem e as estratégias elaboradas e introduzidas pelos professores.

Evidenciou-se a capacidade de aprender a aprender. Na escola digital, os alunos foram protagonistas e diversas vezes ensinaram para o professor.

Reestruturou-se a escola. O que era impensável, até março de 2019, tornou-se real.

Hoje, pode-se afirmar que para os alunos que tiveram essa experiência, não foi um ano perdido, foi um ano de aprendizagens. A maioria das escolas não ficou parada, grande parte dos alunos não ficaram estanques. O vínculo não se perdeu.

Pontos essenciais, em qualquer espaço que se almeja fazer acontecer a aprendizagem, precisaram se fazer presente. Seja no ensino on-line ou presencial.

CHECK POINT: Rotina, organização, disciplina, autonomia e responsabilidade são imprescindíveis em uma educação formal.

Ressaltar que os pais, mesmo com a enorme demanda que têm, em tempos de pandemia ou não, não podem deixar seus

27 Gamificação: na educação surge com uma estratégia em propor elementos de jogos no processo de aprendizagem. Ela é beneficiada em aplicar conhecimentos através de atividades interativas promovendo o aprendizado mais dinâmico, construtivo e atraente para os alunos.

filhos, como nos coloca tão bem, Leo Fraiman[28] em seu livro que aborda a síndrome do imperador. A responsabilidade em cumprir com as tarefas é do aluno, os pais devem apoiar e acompanhar, mas não fazer por eles.

Analisando todo esse cenário, uma competência importante que a BNCC* propõe é a competência 5, que é utilizar e criar meios digitais e tecnológicos. São as habilidades que envolvem tecnologia. O que se esperava ser alcançado num futuro mais adiante, com a pandemia, foi alavancado. Ninguém imaginava que essa competência chegaria tão rápido nas escolas e nas casas.

As perdas pedagógicas se fazem impossíveis de mensurar, mas a maior ruptura foi no âmbito das interações sociais.

Em um texto, destes que recebemos nos grupos de WhatsApp, trazia uma história de que Steve Jobs queria apenas um conjunto de banheiros, situado no centro do enorme complexo, quando a Apple decidiu construir sua nova sede. Segundo esse texto, depois de muito trabalho dos arquitetos, ele foi convencido a aceitar dois conjuntos de banheiros, dadas as enormes dimensões da sede.

O enfoque que queremos ilustrar com essa história e que observamos na biografia de Jobs que ele acreditava que o encontro aleatório de pessoas de diferentes departamentos era algo desejável e a importância de se estimular o tráfego de funcionários aumentaria o número desses encontros.

O que nos traz a reflexão é que Jobs acreditava que essas interações eram fundamentais para a geração de ideias, insumo indispensável para uma companhia inovadora como a Apple.

Steve Jobs tinha razão, muitas invenções transformadoras aconteceram por essa interação.

28 FRAIMAN, Leo. Síndrome do Imperador: pais empoderados educam melhor. Belo horizonte MG, Autêntica Editora: São Paulo: FTD, 2019

CHECK POINT: As escolas são espaços de integração.

No homeschooling ou home office isso não acontece. Não há encontros aleatórios e nem acidentes fortuitos. Portanto, empresas e escolas perdem em criatividade coletiva. O encontro presencial é essencial para capacidade inovadora. Pode funcionar relativamente bem individualmente, mas a produtividade coletiva é afetada.

A grande perda foi no quesito inovação, interação e integração. A produtividade coletiva à distância é fisiologicamente comprometida, mesmo que a tecnologia permita o intercâmbio. Somos seres sociais.

Uma herança da pandemia para as instituições de ensino foi a tecnologia inserida no cotidiano escolar e agora o caminho não apresenta mais atalhos.

O futuro do ensino é híbrido.

Segundo o professor José Armando Valente "O ensino híbrido é uma abordagem pedagógica que combina atividades presenciais e atividades realizadas por meio das tecnologias digitais de informação e comunicação (TDICs). Existem diferentes propostas de como combinar essas atividades, porém, na essência, a estratégia consiste em colocar o foco do processo de aprendizagem no aluno e não mais na transmissão de informação que o professor tradicionalmente realiza. De acordo com essa abordagem, o conteúdo e as instruções sobre um determinado assunto curricular não são transmitidos pelo professor em sala de aula."

CHECK POINT: verifique como a tecnologia permeia as atividades escolares no colégio.

As ações educativas e a mescla de atividades que utilizam a tecnologia são indispensáveis atualmente, entretanto, alguns pontos precisam ser analisados e refletidos como abordaremos no próximo capítulo.

A pandemia, independentemente do seu impacto avassalador, resultou em grandes aprendizados e conquistas para serem agregados na vida de todos.

CAPÍTULO 13

A BALANÇA DA VIDA

A caminhada escolar do seu filho é parte integrada a um sistema maior que engloba a vida da família, a sua como pai ou mãe e de todos os envolvidos. Como em qualquer instância, precisa estar em equilíbrio.

A balança que engloba as diversas vertentes precisa estar estabilizada. Somos compostos por diversos elementos.

Muitas vezes nos comparamos com outras famílias ou pessoas e acreditamos fazer parte de um mesmo barco, porque vivemos situações parecidas como filhos na mesma idade, tipos de relacionamentos, condições econômicas e aspectos que nos fazem sentir similares, mas na verdade, cada indivíduo ou família que você se relaciona tem condições específicas.

Algumas famílias e pessoas estão ótimas, podem estar navegando por águas tranquilas em super iates ou navios luxuosos. Para outros o mar não está para peixe, navegam em uma embarcação cheia de avarias e em um mar revolto, o momento carrega angústia, acúmulo de atividades e de dificuldades, em que o cansaço e as inúmeras atribulações tornam o cotidiano numa tarefa exaustiva.

Cada família, cada indivíduo tem a sua particularidade. As percepções e as realidades são completamente diferentes e você terá que descobrir a melhor forma de fazer a travessia de cada etapa.

Alguns pontos são fundamentais para que qualquer um possa navegar e é importante observá-los para que você e seus entes queridos vençam os desafios impostos pela viagem chamada vida.

Inclusive, vale uma pausa para uma reflexão em relação à sua vida pessoal.

Provavelmente um aspecto pode estar, de acordo com o momento que você se encontra, com maior destaque do que outro, mas se um deles não ganhar nem uma referência, reveja-o. Repense como ou quando poderá dar a esse item mais atenção.

Fazer o exercício a seguir não tem como objetivo aumentar a ansiedade, mas ajudá-lo a se perceber melhor.

A cada ponto apresentado, reflita.

Aspecto individual: disposição e saúde do corpo físico.

Note como está a sua saúde atualmente. Observe a saúde das pessoas próximas a você.

Avalie como está sua disposição ao longo do dia: manhã, tarde e noite.

Analise se acorda disposto para o dia de trabalho e para viver a sua rotina e daqueles que dependem de você.

Reflita sobre os sentimentos que tem durante a semana ou quando se desloca entre os locais como casa, trabalho, escola, viagens de negócios, academias e outros que fazem parte da sua rotina.

Crie um "registrador de energias" na sua mente e como seriam as medições quando você está em cada um desses lugares. Pode até ser como um semáforo da sua energia e que luz se acenderia em cada espaço: verde (ótimo/elevada), amarelo (boa/normal) ou vermelho (ruim/baixa).

Pondere se você se considera uma pessoa saudável ou precisa melhorar em algo relacionado a sua saúde como um todo e quanto a dos seus filhos. Verifique se eles têm tido uma vida saudável nos aspectos que você considera importantes.

Âmbito Cognitivo:

Defina o que engloba o seu desenvolvimento intelectual; estudos acadêmicos, cursos, leituras, filmes, documentários, textos, artigos ou qualquer atividade que contribua para seu crescimento pessoal ou profissional.

Ao se deparar com esse ponto, perceba se você está satisfeito com o seu nível de conhecimento ou acredita que sempre há espaço para mais.

Caso procure aumentar sua capacidade cognitiva, considere, em uma escala, o seu nível de satisfação com essa busca.

Saúde Mental:

Primeiro construa um rápido conceito sobre o que é equilíbrio emocional e se você acredita que tem um bom comando sobre si mesmo.

Elenque o que tem tirado você do eixo. Pondere se você se considera mais ou menos estável na maior parte do tempo e como tem sido essa variação.

Descreva três atitudes suas que elevam seu autoconceito e proporcionam maior alegria e leveza.

Liste os momentos que mais lhe deixam em paz consigo mesmo e com os outros.

Campo profissional:

Cada indivíduo tem um propósito que almeja, um caminho que orienta sua vida. Considere como você está em relação a sua realização, se busca algum objetivo, um significado de vida e como ele interfere dentro da sua casa e da sua família.

Relacione os aspectos que mais lhe atraem e admiram em sua carreira profissional.

Pondere se a sua atividade profissional compactua com seu propósito de vida e se encontra em harmonia com sua casa e sua família. Caso existam muitas incongruências, medite sobre quais seriam e as causas de cada uma delas.

A fase profissional em que você se encontra pode estar mais retilínea, sem muitos movimentos de mudança, ou pode estar em transição, exigindo novas adaptações e maiores oscilações, interferindo na sua crítica. O que vale é se perceber sobre suas aspirações e as concretizações alcançadas.

Vida financeira:

Veja se está de acordo com suas pretensões, com a sua existência atual e com as metas futuras. Recursos financeiros quando não são bem administrados interferem em todos os aspectos.

Construa como é a sua relação com o dinheiro e como ele é trabalhado com aqueles que fazem parte da sua intimidade. Avalie o quanto você está satisfeito ou não com sua vida financeira e quais as ações que deseja mudar ou manter.

Se necessário, estabeleça um planejamento financeiro que o ajude a administrar melhor esse campo.

Ações sociais:

Independentemente do tamanho e do número de pessoas beneficiadas, medite sobre a sua contribuição para a sociedade em que está inserido.

Mensure o quanto seu trabalho ou outra forma de ação e a energia gasta por você impacta de forma positiva na vida dos outros, na sociedade.

É um aspecto complexo e amplo, pode ser aferido por meio de voluntariados, caridade ou pequenas atitudes, como evitar uma torneira aberta enquanto escovas os dentes e ocasiona o desperdício de água. Como você se insere nesse contexto e o quanto pode melhorar, fica a seu critério.

Vida emocional:

Considere três pilares, família nuclear ou o pacote todo, relação com o companheiro ou a busca por um parceiro em sua vida amorosa e sua vida social com os amigos. Reflita como estão seus relacionamentos em cada uma das esferas citadas.

Sinta como seu corpo reage ao pensar nas pessoas mais significativas em cada núcleo e faça uma reflexão sobre sua performance, relacionamento e entrosamento com cada uma delas.

Improvise uma escala de como está sua plenitude e felicidade com relação à sua vida social e amorosa e veja se são possíveis intervenções imediatas ou de longo prazo.

Insira na sua "balança da vida" uma estimativa de como tem usufruído de hobbies e momentos de lazer. Pense no que encanta e fascina e o quão distante esses desejos estão perto ou longe da sua realidade.

Você consegue pensar em atitudes cotidianas que te fazem sentir completo? Essa que fez você rir sozinho agora ao criar uma imagem mental da cena que encheu seu coração.

Imagine essa plenitude como uma luz, um estado de espírito em que você decide estar feliz independente da situação. Um bem-estar que emana e irradia. Pondere o que o faz sentir assim.

Feche esse ciclo com uma percepção da sua espiritualidade. Como está sua conexão com o universo, com Deus, com algo maior? Só você pode mensurar o quanto precisa fazer essa busca.

Após esta análise dos aspectos que compõem sua vida e que seu filho absorve pela simbiose e conexão existente, você pode se assegurar de como está esse importante instrumento de medição.

Uma balança pode estar em desalinho em algum momento, mas buscar o contraponto é que faz a diferença.

A escola tem uma função social e reflete o mundo aqui fora. Os desafios, indagações e apropriações culturais enfrentados pela sociedade emergem dentro do ambiente escolar. Não há como fugir deles, mas por meio das inúmeras "PARADAS OBRIGATÓRIAS" apresentadas neste livro, você terá bagagem para abordar muitas situações e nutrir o seu filho.

Referimo-nos a apropriação cultural quando uma pessoa ou grupo social hegemônico em uma sociedade passa a reproduzir comportamentos, hábitos, vestuários, objetos e linguagens de outros grupos sociais. Não como significado sagrado ou político, podem até ocorrer dependendo da faixa etária, mas como elementos referentes ao entretenimento e à estética que podem ou não gerar benefícios ao grupo que produziu aquela cultura.

A cada nova mudança e etapa de vida, da infância à fase adulta, seu filho passará por inúmeros questionamentos e mudanças no comportamento. O quanto ele irá absorvê-los estará em consonância com a sua vivência e história de vida, principalmente com sua base emocional e familiar.

Os filhos não são nossos, eles são emprestados por Deus para que possamos amá-los e prepará-los da melhor maneira possível para viverem uma vida feliz e plena.

CHECK POINT: o cotidiano escolar do seu filho precisa estar em harmonia com a "balança de vida" dele.

A escola que seu filho estuda tem que estar em balanceamento físico, emocional e cognitivo por meio de uma demanda que contrabalance todos os aspectos.

A vida social e as relações que ele estabelece no âmbito escolar têm que fazer parte desse pêndulo. Assim como o tempo introspectivo ou dedicado às mídias sociais ou as tarefas escolares.

Fica aqui um convite, passe mais tempo em família, em atividades junto com seus filhos, sejam eles crianças ou jovens. Cultive situações que conectem vocês longe das telas, seja televisão, computador ou celular. São tantas oportunidades a serem partilhadas, passeios, jogos criativos ou de tabuleiros, aventuras ao ar livre, recreações em piscinas, lagos ou mares, com os cuidados em saber nadar. Use a imaginação! A amizade se fortalecerá entre vocês e seus filhos não precisarão de likes ou curtidas para se sentirem aceitos ou validados.

Cuide bem de perto dessa realidade virtual ao qual são expostos. Quando nossos filhos são pequenos, tablets e televisões nos parecem "ótimas babás eletrônicas" que mantêm nossos filhos por horas entretidos e a gente "livre". Será?

Se nós adultos nos sentimos muitas vezes "machucados emocionalmente" diante de comentários ou críticas em redes sociais ou na vida profissional e pessoal, o quanto você acha que seu filho adolescente está preparado para enfrentar verdadeiros abusos emocionais dos grupos sociais que pertence?

Descortine o mito de que conhecemos alguém por meio das mídias sociais. As pessoas não nos permitem adentrar e saber sobre seus medos, defeitos, dores e falhas, o que você tem acesso é um recorte pequeno e selecionado da vida de alguém.

Não se ampare apenas em monitorar o tempo que ele utiliza as mídias, é preciso ultrapassar esse aspecto.

Monitore-se, como pai que dá exemplo, diante do tempo que fica em frente às telas e viva esses momentos que enchem seu coração e dos seus filhos.

PARADA OBRIGATÓRIA: A ação de educar, de cultivar, de ocupar, de envolver e preencher é dos pais.

Uma contribuição da escola para a sociedade nesse cenário tecnológico, é a de orientar crianças e adolescentes quanto ao uso da internet. Promover ações educativas para o enfrentamento do bullying ou cyberbullying, de forma que eles aprendam como proceder corretamente e como utilizar com responsabilidade o ambiente virtual.

Crianças e jovens devem saber dos benefícios do uso da ferramenta tecnológica, que agrega informações, conhecimentos e aprendizados, assim como também das mazelas, ou seja, o mau uso da ferramenta, como: cyberbullying.

A Lei n.13.663/2018 e a Lei n. 13.185/2015 estabelece como uma das incumbências das instituições de ensino a promoção de medidas de conscientização, prevenção e combate a todos os tipos de violência, especialmente a intimidação sistemática o bullying.

O melhor atalho dessa trilha é a orientação.

Diante de tantas indagações e reflexões, relaxe e veja quantas pequenas vitórias você teve ao longo do dia.

Lembre-se que ansiedade é viver fora do tempo presente. Viva o hoje e faça o melhor que puder.

Procure oferecer a você o mesmo espaço, tempo, amor, cuidado e respeito que disponibiliza aos outros.

A sua trajetória como mãe ou pai, muitas vezes não sairá conforme o planejado ou sonhado, mas se permita, junto às pessoas que integram seu universo, darem as mãos e descobrirem o mundo juntos. Fica mais fácil desbravar e percorrer cada caminho lado a lado.

Ânimo, fé e coragem nessa missão de educar e viver com amor.

CAPÍTULO 14

FOI DADA A LARGADA

Chegamos ao momento final, foi dada a largada e o rali em busca pela melhor escola. Ops! Melhor escolha, começou!

Ao definir a escola do seu filho, tenha em mente alguns fatores:

Você não precisa decidir agora toda a caminhada escolar dele. Ele poderá tanto estudar na mesma escola da Educação Infantil ao final do Ensino Médio como poderá passar por instituições diferentes de acordo com a etapa de vida na qual se encontra.

Viva a realidade que cada instituição de ensino oferece para cada fase da vida acadêmica dele.

A Educação Infantil é o sol!

É uma etapa de grandes descobertas e aprendizagens! Espaço para desenvolver as habilidades linguísticas e matemáticas.

Recinto destinado a ampliar o vocabulário por meio da leitura de histórias, da apresentação e da promoção do contato com os livros e da exploração e da compressão das histórias ouvidas. Tempo de músicas e diversos ritmos que desenvolvam a fala e a percepção auditiva.

A matemática faz parte do cotidiano e os números estão inseridos nesse contexto, portanto promova brincadeiras com os números, contagens de objetos, data de nascimento, número da casa, do apartamento, preços de alimentos e de brinquedos. Isto contribuirá para que a criança elabore situações matemáticas por meio de suas vivências, partindo da compreensão, levantamento de hipóteses e pequenas soluções de problemas.

Trabalha as habilidades matemáticas básicas, que englobam a capacidade de contar, o sentido numérico, a representação por meio de palavras, objetos e símbolos. Hora de conceber conceitos de formas, tamanhos, cores, direção, posição, movimento, lateralidade, espaço temporal e físico. Ser capaz de fazer comparações e medições de menor e maior, muito e pouco e semelhanças e diferenças. Estabelecer comparações e padrões entre formas e números que se repetem de maneira lógica.

A criança realiza transferências de aprendizagem e utiliza as habilidades de raciocínio. Aprender a pensar para solucionar um problema e como utilizará o conhecimento e os instrumentos que possui para se chegar a uma resposta.

Pintar, brincar, socializar e estimular a psicomotricidade e a coordenação motora ampla e fina. Oportunizar a criatividade e a curiosidade. Desenvolver uma consciência fonológica. Tudo isso baseado na consistência, afetividade, suporte e que ofereça ao seu pequeno um espaço confortável.

O ambiente infantil é colorido e alegre, não só nas paredes, mas na energia que transmite. É um processo gradual que não envolve recompensas e punições, mas estímulos e segurança.

PARADA OBRIGATÓRIA: não interrompa o processo de raciocínio, criatividade ou concentração dos pequenos.

Pais às vezes se esbarram com a situação dos filhos saírem de perto deles e logo imaginam que eles já estão "aprontando" alguma arte ou travessura, pode até ser, entretanto crianças amam fazer descobertas e quando se envolvem em alguma atividade ou brincadeira, que exigem maior concentração e atenção esse momento se torna rico de aprendizagem.

Elogiar, ajudar ou até mesmo ficar em pé olhando pode ser suficiente para interromper ou destruir a atividade. O grande princípio que traz sucesso ao professor e ao pai, é que ao perceber que a concentração da criança se estabeleceu, aja discretamente, sem intrometer.

Esses são os objetivos da Educação Infantil, que podem variar de uma escola para outra de acordo com a metodologia, mas uma escola que preza e agrega princípios e valores, com certeza preparará seu filho para as etapas subsequentes.

Não queime ou acelere etapas, não apresse o curso do rio!

Alfabetização, momento ímpar!

O ano dedicado à alfabetização é único em toda a vida acadêmica. O alfabetizador e a família precisam atuar juntos. É um processo gradativo e que envolve premissas básicas.

Ler e escrever não são atividades naturais do ser humano como andar, falar e comer. Ele precisa ser ensinado.

Para aprender a ler e a escrever, habilidades distintas, é preciso uma metodologia assertiva, um caminho bem traçado.

O enfoque nessa etapa é para essa aquisição: aprender a ler e a escrever, para que nos anos seguintes do ensino formal, o discente ser capaz de ler e escrever para aprender.

A leitura envolve o descortinar de saberes e curiosidades!

Ensino Fundamental pode ser interessante e estimulador!

Vamos pensar um pouquinho só no Ensino Fundamental. Etapa de nove anos que perpassa a segunda infância e a pré-adolescência. Muitas mudanças físicas e emocionais.

O Fundamental I, os cinco primeiros anos, são a base e um ambiente propício para aprender as quatro operações, identificar um relevo, identificar substantivo, ler, escrever e interpretar.

São inúmeros conteúdos atrelados a essa fase, para isso, existem documentos que norteiam os conteúdos que devem ser trabalhados e as habilidades e competências que os alunos precisam desenvolver. A BNCC e o currículo comum apresentam como garantir que esse aprendizado se transforme em habilidades significativas.

Para isso, são necessárias estratégias de alguém capacitado para conduzir esse processo: o professor. Ele precisa pensar em métodos motivacionais que causem engajamento. O professor norteia o procedimento, sabe onde quer chegar, como, o que e porque fará.

É primordial que o material didático utilizado converse com a filosofia da escola, com a metodologia de avaliação e com os recursos oferecidos. Um material que contempla diversos campos de experiências, interessante, atualizado, atrativo que instigue no discente a sede e a curiosidade por novas aprendizagens.

A aprendizagem é significativa quando o aluno é capaz de ampliar seus conhecimentos prévios e avançar.

Ausubel, psicólogo educacional, ressalta que o fator isolado mais importante que influencia a aprendizagem é aquilo que o aprendiz já sabe. Ele define que a aprendizagem significativa é o processo ideal que ocorre quando uma nova ideia se relaciona aos conhecimentos prévios do indivíduo. Motivado por uma situação que faça sentido, proposta pelo professor, o aluno amplia, avalia, atualiza e reconfigura a informação anterior, transformando-a em nova.

PARADA OBRIGATÓRIA: as etapas escolares citadas até aqui não precisam ter enfoque em preparação para vestibulares em universidades federais ou ENEM. As mudanças são constantes, se pode afirmar que esses serão os instrumentos utilizados para o ingresso no curso superior quando seu filho concluir o Ensino Médio.

Ensino Médio, você estaria preparando para enfrentá-lo com a maturidade e conhecimento que tem hoje?

O Ensino Médio é uma fase desafiadora e complexa para os jovens.

Esta é uma fase que merece respeito e admiração dos pais e adultos. O jovem, que tem os hormônios em fúria, se encontra à frente de mudanças físicas e emocionais. Além da necessidade de ser aceito pelo grupo, o corpo que pede para dormir, precisa da compreensão dos pais, pois inúmeras vezes são vistos como se fossem "preguiçosos". O adolescente, que deveria estar em uma fase rica para a aprendizagem, precisa investir muita energia e tempo para se sentir seguro, amado e aceito.

Nessa fase, aos 16 anos, o jovem se cobra e todos à sua volta insistem para que ele tome uma decisão em relação à profissão que irá exercer para o "resto da vida".

São tantos conteúdos a serem assimilados, que fica a pergunta: vocês, pais, conseguiriam aprovação em exames como vestibular ou Enem? Tente.

São tantos conhecimentos exigidos do jovem, que o coloca em rankings e que não serão utilizados posteriormente.

Enquanto escrevemos o livro, se faz a implantação do "Novo Ensino Médio". Indicamos que entre no portal do MEC[29] e se informe sobre as mudanças. Após um período de pandemia e isolamento social, o jovem irá se deparar com mais essa!

Como pai, ajuste sua lente para olhar e apoiar o seu filho nessa etapa. O jovem tem tanto a alegrar, a contribuir e a aprender!

PARADA OBRIGATÓRIA: como pai não subestime os hormônios e não superestime a educação que você deu. Adolescência é uma fase única!

Para definir essa fase, apresentamos o trecho de uma música atemporal. Ela reflete bem o sentimento que você teve um dia, quando adolescente e que seu filho pode ter hoje por você!

---

29 Disponível em: http://portal.mec.gov.br, Acesso em 31 ago. 21.

Pais E Filhos
Legião Urbana

É preciso amar as pessoas
Como se não houvesse amanhã
Por que se você parar pra pensar
Na verdade não há

Sou uma gota d'água
Sou um grão de areia
Você me diz que seus pais não lhe entendem
Mas você não entende seus pais
Você culpa seus pais por tudo
E isso é absurdo
São crianças como você
O que você vai ser
Quando você crescer?

Cultivem o respeito, a troca de ideias e a cumplicidade entre vocês, pais e filhos. Reforcem os limites e as regras estabelecidas em sua casa. Assim, as normas familiares não sufocam.

Pronto! Conferido todos os pontos, liguem os motores.

Após a leitura dos capítulos anteriores, você está apto a percorrer a etapa final.

Os pais nomeiam a escola para o filho estudar com o coração, na certeza de que eles receberão ótimas orientações, ensinamentos e valores para a vida — e acreditando que aquele é um espaço de gente feliz!

A melhor escola depende de diferentes fatores que são pessoais para cada indivíduo. Além de questões econômicas e geográficas, é necessário levar em consideração se a metodologia da instituição combina com os valores da família.

Separe um bloco de anotações e escreva suas observações. Preparamos listas com itens a serem percebidos em suas visitas às escolas.

PONTOS DE CONTROLES – ETAPA 1

- Identifique e escreva a metodologia que mais lhe agrada.
- Defina preço da mensalidade escolar compatível com seu orçamento.
- Localização (bairro ou região), distância e tempo de deslocamento que atendem a sua realidade.
- Converse com pessoas da sua confiança, parentes ou amigos que tenham filhos na mesma idade escolar com sugestões de escolas e a justificativa da dica.
- Escreva os nomes das instituições que estão no seu radar.
- Visite os sites e mídias sociais e anote as formas de contato.

PONTOS DE CONTROLES – ETAPA 2

Enviar ou ligar para as escolas pré-selecionadas na Etapa 1 e se informar como são as visitas para conhecer o espaço físico e o agendamento com a orientadora educacional.

- Anote as informações obtidas em cada colégio que entrou em contato.

PONTOS DE CONTROLES – ETAPA 3

Alinhe com sua rede de apoio quem, como e quando fará as visitas aos colégios listados. Faça um cronograma para ligar e agendar nos horários e de acordo com as orientações recebidas.

- Nome da instituição:
- Data da visita:
- Dia da semana:
- Horário de atendimento com a equipe pedagógica:
- Horário de visita pelas instalações:

CHECK POINT: solicitar a separação do material didático da turma que seu filho utilizará para que você aprecie e converse sobre ele durante o atendimento com a equipe pedagógica. Aproveite para perceber o acolhimento inicial quando fizer os agendamentos. Procure fazer o agendamento com a equipe pedagógica antes do "tour guiado" pela estrutura física.

PONTOS DE CONTROLES – ETAPA 4

Encontro com a Equipe Pedagógica

O primeiro ponto é ouvir e fazer, se sentir necessidade, perguntas e anotações mais importantes para rever posteriormente.

O que verificar durante o atendimento, coletivo ou individual:

Proposta Pedagógica;

Indague, ao conhecer a escola, se ela está ou não vinculada a uma rede de ensino ou a algum sistema de ensino.

Sistema de Avaliação;

Projetos;

Cotidiano escolar;

Atividades oferecidas;

Material escolar – verificar após a explicação da proposta para compreender se conversam: projeto pedagógico e atividades diárias.

Formas de comunicação família e escola;

Como são resolvidos os conflitos na comunidade escolar.

Quem forma a equipe de professores do ano em que seu filho irá estudar – procure pontos que diferenciam os profissionais da instituição.

Muitos colégios vendem a imagem da "inovação", mas poucos são os educadores que detalham aos pais informações pedagógicas e didáticas. Ou seja, se a proposta está aliada à prática educacional, focada para o desenvolvimento das habilidades e competências.

O professor tem uma grande missão que é transformar "o fazer pedagógico", ser o facilitador e promover a aprendizagem, de forma que essa experiência enriqueça a vida do aluno.

Para anotações gerais:

Escreva suas percepções durante o atendimento.

Lembre-se os CHECK POINTS citados ao longo do livro importantes de serem permeados durante o atendimento da equipe especializada.

- Na conversa com a orientação, seja franco e aberto em todos os aspectos que envolvem seu filho.

- Certifique-se de que aquela escola está pronta para atender a demanda do seu filho.

- Para adaptação escolar de crianças muito pequenas, ao visitar a escola, questione como a instituição conduz esse período e avalie se a conduta se alinha à sua forma de educar.

- Informe-se como e qual a periodicidade o colégio acompanha e informa a família sobre o desempenho escolar dos filhos.

- Verifique como a tecnologia permeia as atividades escolares no colégio.

- Cotidiano escolar do seu filho precisa estar em harmonia com a "balança de vida" dele.

Visita

- Nome da escola:
- Proposta Pedagógica:
- Sistema de Avaliação:
- Projetos:
- Cotidiano escolar:
- Como é a rotina do aluno: grade horária e aulas oferecidas que compõem a grade curricular.
- Atividades extracurricular.
- Material escolar:
- Formas de comunicação família e escola:
- Formação da equipe pedagógica:
- Considerações pessoais:

PONTOS DE CONTROLES – ETAPA 5

Conhecer as instalações, a estrutura física.

Após as informações pedagógicas, ao conhecer a estrutura física, correlacione as informações com os espaços em que acontecem.

Durante a visita, marque suas observações sobre cada espaço em relação:

Visita

- Nome da escola:

- É uma escola acolhedora e que agrega valores e virtudes para a vida.

- Focada somente na bagagem de conhecimentos e conteúdos.

- Valoriza a participação da família e busca integrar os esforços na melhor educação dos filhos.

- Número de alunos por turma.

- Conta com o suporte de auxiliar de turma em todas as turmas da Educação Infantil até o 1º ano do Ensino Fundamental I.

- Desenvolve projetos voltados para as habilidades socioemocionais.

- Promove projetos literários que incentivam a leitura e a escrita.

- Existem projetos que incentivam a autonomia e a criatividade dos educandos.

- Ações sociais com a participação das crianças e das famílias.

- Acesso cultural como saídas de campo, momento de trocas com escritores e professionais por meio de entrevistas, palestras, debates e mesa redonda.

- Incentivo para a produção textual e trabalhos de artes cênicas e artísticos dos alunos.

- Aulas dinâmicas e utilização de ferramentas tecnológicas.

- Sala de aula invertida, o aluno protagonista.

- Liste parceiros da instituição com relação à metodologia adotada.

- Existência de uma proposta de atividade bilíngue.

- Oferta plantão de estudos para assimilação de conteúdos.

- Disponibiliza atendimento de psicólogo na escola.

- Adere a um programa de formação da equipe pedagógica.

- Segurança e acessibilidade do espaço escolar.

- Existência de porteiros e colaboradores treinados.

- Existência de enfermeiras e recepcionistas preparadas.

- Atendimento em sinergia entre os setores: portaria, recepção, secretaria e demais esferas do colégio.

- Os espaços físicos são conectados com o que a escola promove.

- As salas de aula são arejadas, bem iluminadas e tamanho proporcional ao número de alunos.

- As salas têm o mobiliário adequado à faixa etária e em bom estado de conservação.

- Os móveis utilizados nos espaços escolares dialogam com a proposta pedagógica.

- Os espaços físicos são bem distribuídos.

Faça um check no que a escola oferece:

- Salas arejadas e ventiladas;
- Lousas;
- Iluminação;
- Quadra ou ginásio para prática desportiva;
- Laboratório ou maker space;
- Biblioteca ou sala de leitura;
- Auditório ou área comum para encontros coletivos;
- Salas com propostas específicas e com a grade e o cotidiano escolar.
- Área verde que contempla atividades ao ar livre.
- Segurança e tratamento de dado a parques de areia. – Educação Infantil
- Exigência de atestado médico para a participação da criança em atividades aquáticas.
- Casinha de boneca e brinquedos apropriados e seguros no parque das Escolas Infantis.
- Brinquedos adequados para a faixa etária de 2 anos a 6 anos. – Educação Infantil
- Atividades oferecidas no contraturno atendem a individualidade do seu filho.
- Higienização do ambiente escolar.
- Biblioteca é um espaço acolhedor para as crianças e jovens.

- Espaços lúdicos para as crianças.
- Material diversificado para o desenvolvimento da psicomotricidade.
- Horta ou pomar acessíveis.
- Espaço para alimentação saudável.
- Espaço para o lanche com cobertura e pia para higienização.
- Valorização da prática musical.
- Observações do Contraturno.
- Localização, limpeza e estrutura dos banheiros.
- A escola tem lixeiras em vários locais e acessíveis.
- A escola oferece fácil acessibilidade e locomoção a toda a comunidade.

Considerações Pessoais

- Escreva suas observações quanto ao acolhimento e a percepção pessoal do ambiente como um todo.

PONTOS DE CONTROLES – ETAPA 6

Parada para informações técnicas finais.

CHECK POINT: certifique-se de que a instituição de ensino é reconhecida e credenciada pelo Ministério da Educação.

Obtenha os dados que complementam sua decisão.

Visita

- Nome da escola:
- Mensalidades e formas de pagamento.
- Valores contraturno.

- Valores atividades extraclasse.
- Descontos ou facilidades.
- Orientações sobre o processo de matrícula.
- Informações do período de matrículas (datas).
- Procedimentos que antecedem a matrícula. (lista de espera – reserva – avaliações de ingresso).
- Disponibilidades de vagas para a turma e ano do seu filho.
- Lista e aquisição de material escolar.
- Transporte escolar.

Rali concluído! Linha de Chegada!

Percurso concluído, é hora de atravessarmos a linha de chegada e definir a escola que será sua parceira!

Você conhece seu filho minuciosamente, seu cotidiano, habilidades, particularidades e desafios de aprendizagem a serem vencidos.

Com os dados e impressões em mãos, considere os seguintes aspectos:

- A proposta pedagógica é coerente com o que o filho tem condições de produzir?
- Valores e crenças familiares estão alinhados com os da instituição?
- Considerou excessiva ou equilibrada a proposta didático-pedagógica?
- Dever de casa, pesquisas, projetos são compatíveis?
- Existe consonância ou discordância nas questões avaliativas?

Finalmente, tudo foi bem avaliado por você.

Colocou todas as variáveis na “balança de vida”? Decida, acredite e construa esse novo capítulo!

Pautado em boas alternativas, confiante em sua real intenção, trace o caminho. Caso seja imprescindível a alteração da rota, faça-a sem temor.

PARADA OBRIGATÓRIA: a escola é uma passagem, uma fase da rota e filho o nosso maior projeto de vida!

A vitória pertence aos fortes, que diante de desafios, trilham e redirecionam a história!

Foi um prazer sermos suas navegadoras! Se tivermos contribuído um pouquinho nesse processo, nos sentimos extremamente agraciadas. O pódio e alegria de chegarmos juntos até aqui! Desejamos-lhe uma vida repleta de luz para vocês, pais e filhos!

CAPÍTULO 15

MENSAGEM FINAL

A rota definida norteia o ponto de partida e o da chegada,
A trajetória é traçada primeiramente por DEUS, ou pelo Universo.
A direção é iluminada por meio do farol da fé, da esperança.
O guia é a escuta do coração em sintonia com a intuição.
Os caminhos simbolizam as opções que nos são oferecidas.
A bússola nos aponta a escolha assertiva.
Os atalhos nos permitem possíveis alterações.
O percurso registra todo o caminho percorrido.
A direção norteia um futuro cheio de conquistas.
A vitória pertence àqueles ousam, acreditam e fazem escolhas.
Subirá ao pódio às famílias que investiram e acompanharam a educação do filho.
As medalhas serão eternizadas pelas ótimas lembranças gravadas no coração do seu filho.
A Vitória ecoará para que todos possam ouvir.
O somatório dos esforços é a garantia de que tudo valeu a pena!
Colha, escolha, acolha.
Carinhosamente,

As autoras.

AGRADECIMENTOS

Agradecemos a Deus, por nos permitir a luz da inspiração e pela concretização desse livro.

Aos nossos esposos pelo permanente aporte de capital de amor, por acreditarem em nós e pelos cuidados de sempre.

Aos nossos filhos, genros e nora por serem presenças e fonte de aprendizado em nossas vidas.

As pequenas netinhas e os outros que virão por representarem a semente do amor que se frutifica e o sol que aquece nossas vidas. Nossos amores incondicionais!

Aos nossos pais, que nunca mediram esforços, exemplos e ações.

A todos os educadores que nos transformam com as interações diárias e, que como nós, buscam de alguma forma acreditar no ser humano.

Adriana e Ana Claudia

AUTORAS

Meu nome é Adriana Mara Magalhães e Silva, tive o privilégio de ter uma mãe educadora, cresci em um lar que estimulava e inspirava a arte de educar e ensinar, tenho quatro irmãs, sendo que três são também educadoras.

Sou graduada em Administração de Empresas e Pedagogia, com especialização em Administração Escolar e Orientação Educacional. Pós-graduada em Psicopedagogia Institucional e Clínica e em Orientação Educacional. Conclui o MBA em Gestão Educacional. O trabalho na área pedagógica descortinou novos horizontes em minha carreira, com ricas experiências e vivências na área.

Sou uma educadora que ama o que faz e faz o que ama. Acredito que a educação amplia oportunidades e transforma positivamente a vida das pessoas.

Uma palavra de fé, incentivo e otimismo têm o poder de alcançar e transbordar no coração do próximo!

Sou Ana Claudia Piña e desde muito pequena a educação e o gosto por aprender me fascinavam. Minha brincadeira favorita era lecionar para as plantas, as bonecas e qualquer um que se aventurasse adentrar em minha sala de aula fictícia.

Hoje, tenho certeza de que o poder transformador da educação está presente em meu DNA, no meu código genético.

Usufruí da benção de conviver com avô, pai e marido que sempre tiveram suas vidas alavancadas por meio da educação.

Iniciei minha vida acadêmica no curso de Administração de Empresas. Cursei até o último semestre e interrompi para viver a maternidade. A conclusão da graduação ocorreu oito anos depois, em Pedagogia, com Especialização em Administração Escolar me proporcionando a oportunidade de uma práxis ímpar, ao lecionar e estudar ao mesmo tempo.

Sou pós-graduada em Psicopedagogia Institucional e Clínica, em Orientação Educacional e MBA em Gestão Educacional.

Como professora me encontrei, como coordenadora pedagógica aprendi e hoje, como diretora pedagógica compartilho saberes e conhecimentos.

Atuar como consultora pedagógica, desenvolver projetos de implantação e acompanhamento de turmas de alfabetização e promover cursos de formação para coordenadores e orientadores me certifica de que a educação é um despertar diário.

Ser educadora é ter oportunidade de abrir a porta do conhecimento com amor, para mim e para aqueles que me cercam.

Made in the USA
Columbia, SC
18 October 2022